• 新经济时代的会计入门

如何做好
金融会计

图解教学——一目了然

图文并茂——直观易学

邱林艳　著

快速精通金融会计流程

轻松读懂财务报表

真实再现实务案例

经济管理出版社
ECONOMY & MANAGEMENT PUBLISHING HOUSE

图书在版编目（CIP）数据

如何做好金融会计/邱林艳著. —北京：经济管理出版社，2016.5
ISBN 978-7-5096-4477-5

Ⅰ.①如…　Ⅱ.①邱…　Ⅲ.①金融会计　Ⅳ.①F830.42

中国版本图书馆 CIP 数据核字（2016）第 152871 号

组稿编辑：勇　生
责任编辑：勇　生　丁慧敏
责任印制：黄章平
责任校对：赵天宇

出版发行：经济管理出版社
　　　　　（北京市海淀区北蜂窝 8 号中雅大厦 A 座 11 层　100038）
网　　址：www.e-mp.com.cn
电　　话：(010) 51915602
印　　刷：三河市延风印装有限公司
经　　销：新华书店
开　　本：720mm×1000mm/16
印　　张：13.75
字　　数：211 千字
版　　次：2016 年 8 月第 1 版　　2016 年 8 月第 1 次印刷
书　　号：ISBN 978-7-5096-4477-5
定　　价：38.00 元

前　言

伴随着中国经济的迅猛发展，我国财政部于 2001 年底正式发布了《金融企业会计制度》，这个制度最先在国内上市公司中实行，有利于提高会计信息质量。《金融企业会计制度》对商业银行和非银行金融机构的核算原则、核算内容和报告方法等做出了明确的规定。我国财政部发布了《企业会计准则——基本准则》和《企业会计准则——应用指南》，这些有机统一的会计准则体系，使我国金融企业会计准则有了新的突破。

因为《金融企业会计制度》的大部分规定和内容与国际惯例相吻合，虽然使我国金融企业会计的会计要素定义和确认等方面与国际惯例相一致，但由于金融企业自身的复杂性和《金融企业会计制度》对金融企业自身职业判断权的扩大，致使金融企业在执行过程中存在一些不健全的问题。比如，短期投资和长期投资的划转条件不明确、措辞不严谨致使会计工作人员难以处理和影响会计信息的质量等问题。

因此，针对当前金融企业会计工作所存在的问题，为了满足金融企业会计工作者的需求，我们编写了《如何做好金融会计》。在编写过程中，我们以全国统一的会计准则和会计制度为依据，密切联系金融企业会计的实际工作，全面阐述金融企业会计的业务，以便更好地确认、计量以及披露银行业的财务状况和经营成果。将政策性银行、商业银行和非商业银行的会计核算内容介绍给众多金融工作者，从而提高金融企业会计核算的工作质量。本书不仅适合在职会计工作者阅读，也适合非金融企业会计人员参阅，了解金融企业的核算内容和方法。

本书分为十章，以商业银行为主，政策性银行为辅。第一章为金融企业概述；第二章讲述政策性银行的会计核算内容和方法；第三章到第十章阐述商业银行和非银行金融机构的核算方法，具有很高的实用价值。

本书在编写过程中体现了如下特色：

首先，本书内容全面、内容务实创新。本书不仅阐述了金融企业会计的基本理论，同时阐述了具体核算方法，内容清晰。

其次，本书结构划分合理，重点突出。重点讲述商业银行和非银行金融机构的具体核算内容和方法。

最后，理论联系实际。在阐述理论的同时，加入例题和图示，便于金融企业的会计工作者阅读和理解，从而提高会计工作者解决问题的能力。

在本书写作的过程中，我们参阅了许多会计书籍和与金融会计类有关的知识读物，并将大量具有科学依据的文献资料作为参考。我们衷心地感谢书籍和文献的作者。由于笔者写作水平有限以及本书编写时间仓促，难免存在疏忽和不足之处，敬请读者对本书提出宝贵建议并批评指正，以便我们今后修正。

目　录

第一章 金融企业与金融企业概述

第一节 金融企业概述

本节关键词：

企业概述、企业分类

本节内容提要：

（1）了解金融企业的分类。

（2）了解非银行金融机构。

金融企业作为一个特殊的企业，需有金融业务许可证，其业务必须得到金融监管部门的许可。金融企业分为两大部分，即商业银行和非银行金融机构，金融企业对中国经济发展有着至关重要的作用。金融企业的组成如图 1-1 所示。

一、商业银行

商业银行依照公司法设立，包括国家商业银行、股份制商业银行以及地方商业银行，是一种以盈利为目的的金融机构。

商业银行是国内影响力最大的金融机构体系，依法遵循效益性、安全性

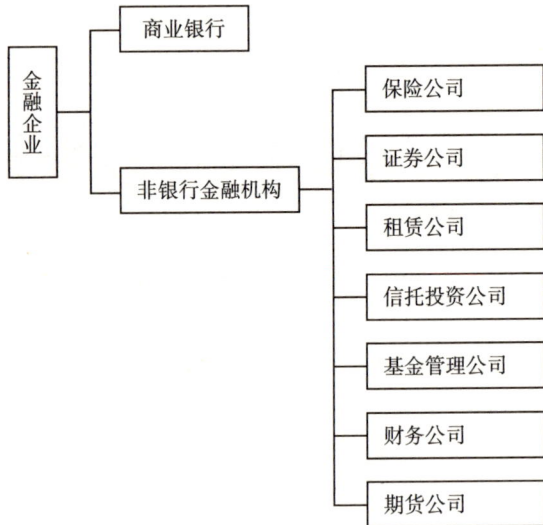

图 1-1　金融企业的组成

和流动性这三大原则，切实保护存款人的利益安全。根据《中华人民共和国商业法》规定，我国商业银行可以经营下列业务：吸收公众存款、发放贷款；办理国内外结算、票据贴现、发行金融债券；代理发行、兑付、承销政府债券，买卖政府债券；从事同业拆借；买卖、代理买卖外汇；提供信用证服务及担保；代理收付款及代理保险业务等。

　　既然《中华人民共和国商业法》明确规定了商业银行的业务范畴，那么商业银行就没有资格办理非银行金融业务。

二、非银行金融机构

　　非银行金融机构是指依法办理除了银行以外的金融业务。比如，证券公司、保险公司、期货公司、基金管理公司以及信托投资公司等相关金融体系。这些金融机构的资金来源并非吸取存款，而是以发行股票和债券、提供保险业务和接受信用委托，把获取的资金作为长期性投资。在我国，不同的金融公司其业务和特点不尽相同。

1. 保险公司

保险公司是指取得金融监管部门授予的金融许可证的机构，是销售保险合约并提供风险保证的公司，其业务主要是对投保人将来可能产生的损失进行赔偿。在人们生活中起到"互助共济，分担风险"的保障作用。

根据《中华人民共和国保险法》的规定，保险公司所经营的业务包括财产保险业务（财产损失保险、责任保险、信用保险）、人身保险业务（人寿保险、健康保险、意外伤害保险）、再保险业务（分出保险、分入保险）等。

2. 证券公司

证券公司是指依照《中华人民共和国公司法》和《中华人民共和国证券法》的规定，由承销发行人向社会发行证券，专门经营证券业务，进行证券买卖交易的金融机构。

证券公司分为证券经纪商和证券自营商。

证券经纪商，作为代理可以接受投资人委托进行交易，并收取相关费用。

证券自营商，由于资金雄厚，不仅可以买卖股票，还可以独立承担风险的证券机构。

根据《中华人民共和国证券法》的规定，证券公司的业务范畴：①证券经纪业务。②证券承销与保荐。③证券资产管理。禁止证券公司将各个业务混合操作，必须要将业务分开办理。

3. 租赁公司

租赁公司是依法成立以出租设备或收取租金为业的机构。在当今社会，各种形态的租赁公司应运而生。为了使人们对租赁公司有清晰、深刻的了解，将行业进行分类。租赁公司分为专业租赁公司和非专业租赁公司。专业租赁公司的业务主要是租赁，而非专业租赁公司则把租赁当作副业务。租赁公司就是以融物的形式进行融资活动。通过这种方式，来解决租赁人的资金短缺问题。

根据《金融租赁公司管理办法》规定，租赁公司的业务包括：直接租赁、回租、转租赁、委托租赁等融资性租赁业务；经营性租赁业务；接受法人或机构委托租赁资金；接受有关租赁当事人的租赁保证金；向承租人提供租赁项下的流动资金贷款；有价证券投资、金融机构股权投资；经中国人民银行批准发行金融债券；向金融机构借款；外汇借款；同业拆借业务；租赁物品残值变卖以及处理业务；经济咨询和担保；中国人民银行批准的其他业务。

4. 信托投资公司

信托投资公司是当代金融行业的三大支柱之一，依法成立的主要进行信托业务的金融机构，租赁公司作为受托人，对委托人的财产进行管理。

信托投资公司分为四大类，即起步信托投资公司、成长期信托投资公司、成熟期信托投资公司和高峰期信托公司。不同阶段的信托投资公司各司其职，信托投资公司的业务也比较广泛，其收益归信托受益人所有。

根据《信托投资公司管理办法》的规定，信托公司的业务包括：受托管经营法律、行政法规允许从事的投资基金业务；经营企业资产的重组、购并及项目融资、公司理财、财务顾问等中介业务；受托管经营国务院有关部门批准的国债、政策性银行债券、企业债券等的承销业务；代理财产的管理、运用和处分；代理保管业务；信用鉴证、资信调查及经济咨询业务；以固有财产为他人提供担保；中国人民银行批准的其他业务。

5. 基金管理公司

基金管理公司是依法成立的对基金运作活动进行管理的金融机构，通过公募和私募向个人募集资金，对基金申购、赎回和收益分配等进行管理。

基金管理公司主要从事非证券类的投资业务。

6. 财务公司

财务公司是依法负责开发和销售金融服务的机构，主要方式是吸收存款，但不属于银行机构。

7. 期货公司

期货公司是依法成立的，为客户提供期货交易平台并收取手续费的机构，交易结果由客户承担。期货公司主要经营国内商品期货和金融期货业务。

第二节　金融企业会计的概念和特点

本节关键词：

金融企业会计、概念、特点

本节内容提要：

（1）了解金融企业会计的概念。

（2）熟悉金融企业会计的特点。

随着会计行业的不断发展，会计的一个分支逐渐形成，即金融企业会计，它被应用于金融企业领域。本节主要讲述金融企业会计的概念和特点。

一、金融企业会计的概念

随着社会的发展，会计也在不断进步和发展，它是一门被广泛运用的应用学科，其发展进程取决于社会发展的程度。查阅史书，可发现人们最早只是以"结绳记事、刻木记数"的方式进行统计，不同时期对财务的记录方式也不尽相同。

据《周礼》记载，"会计"一词最早出现在西周奴隶社会。从周代到现代，会计逐渐进步。从周代开始，有专门的官职负责国家的财务。随着商业的发展，古代最早出现了"簿书"和"四柱"。可见，随着工业文明的发展，会计逐步得到完善。

从 13 世纪到 15 世纪，会计学在国外不断改进和完善，从 18 世纪到 19 世纪工业革命后，随着经济和科技的不断发展，会计的发展有了质的飞跃。

改革开放以来，我国经济体制发生了根本性的转变，随着经济的发展，金融业也逐步发展。因此，做好金融企业会计工作，对我国金融企业顺利发展十分重要。

那什么是会计呢？

我国企业会计准则专家葛家澍认为，"会计是一个以提供财务信息为主的经济信息系统"。由此可见，会计是为各企业提供信息服务的经济信息系统，为企业管理服务。

什么是金融企业会计？

金融企业会计是会计的一个分支，是指以货币为计量手段，采用独特的会计方法（如科目设置、凭证设置、复式记账、账簿等级、财产清查、报表编制等），对金融企业的经营活动过程进行全面、系统、连续的核算和控制，为金融企业的利害关系人提供决策所需的财务信息和相关经济信息。

在我国，会计信息使用者主要包括所有人、宏观调控管理部门、债权人。

（1）所有人，即所有投资者，人们了解会计报表以后，可以清楚了解投资的具体情况，可以掌握回报率和利润分配政策。

（2）宏观调控管理部门，他们需要对金融企业进行合理管理，并监督金融企业的业务是否有效进行。

（3）债权人，对债权人来说，对会计报表有进一步的了解，可以熟知企业的偿债能力，从中得知债券的保障，并清楚了解企业是否有能力偿还资金。

二、金融企业会计的特点

金融企业会计是对金融业务进行管理的一门专业会计，它与其他行业的会计相比有着独特的特点，主要表现在以下几个方面。

1. 社会性广泛

金融企业和银行、企业、单位以及普通百姓的利益息息相关。其中，银行会计核算的目标群体是社会，不仅体现出银行的综合业务和财务情况，更能体现出国民经济以及所有企业和单位的资产流动情况，使银行具有透明而广泛的特性。

2. 核算方法独特

由于经营目标的特殊性，金融企业会计的核算方法自然比较独特。其中，比较典型的就是银行，银行是经常从事货币业务的一个特殊机构，它的业务无法改变人民币的货币形态。因此，金融会计进行账务处理的方法就要区别于酒店会计、房地产会计等其他行业的会计。

3. 核算业务具有统一性

金融企业的核算业务和经营业务同时进行。例如，客户将存款凭证交给柜台职员检阅并办理业务，银行人员对存款凭证进行核对并处理客户的委托业务。工作人员将银行业务和核算同时进行，业务处理完毕，即核算结束之时。这种比较明显的特点有别于其他行业的会计。

4. 涉及面广泛，政策性强

金融企业作为特殊的行业，主要经营资金流通业务，和多家企业、单位以及广大百姓的利益紧密相连。由于涉及的资金额度较大，金融企业会计的责任也十分重大，它关乎国民经济的稳定。因此，在从事金融企业会计时，从业人员必须熟知国家的法律和有关政策法规，妥善处理企业和客户之间的业务，减少利益纠纷。

第三节 金融企业会计核算的对象

本节关键词：

核算对象、介绍

本节内容提要：

（1）了解金融企业会计核算的对象。

（2）熟悉金融企业会计核算对象。

金融企业会计核算对象是指金融企业会计核算和监督的内容。随着金融企业各种业务的进行，企业资金运动也在不断变化。具体体现在会计的六要素，即资产、负债、所有者权益、收入、费用和利润。

一、资产

资产是指过去的交易或者事项形成的、由企业拥有或者控制的、预期会给企业带来经济利益的资源。

金融企业根据资产类别分为流动资产、长期投资、固定资产、无形资产和其他资产。

1. 流动资产

流动资产指的是企业可以在一年或超过一年的一个营业周期内变现或被耗用的资产。金融企业的流动资产分为现金、银行存款、短期存款、其他应收款和待摊费用等。

2. 长期投资

长期投资指的是周期较长的投资，时间超过一年的各种股权性质的投资、不能变现或不打算随时变现的债权、其他债券投资和其他长期投资。

3. 固定资产

固定资产是指企业使用期限超过一年的房屋、建筑物及其机械运输工具和其他相关器材。不属于主要经营设备的物品，单位价值在 2000 元以上，并且使用年限超过两年的，也应当作为固定资产。

4. 无形资产和其他资产

无形资产指的是没有实物形态的非货币性长期资产，主要用于给他人提供劳务、出租等。如专利权、非专利权、商标权和著作权等。

其他资产指的则是除了上述资产以外的资产，如存出资本保证金、抵债资产等。

二、负 债

负债是由以前的交易或事项形成的预计会使经济利益流出的现时义务。

1. 流动负债

流动负债,指的是要在一年内或者超过一年的一个营业周期内偿还的债务。

银行的流动负债主要包括活期存款、定期存款、短期内到期的拆放、中央银行借款、应付账款等。

保险公司的流动负债包括短期借款、拆入资金、应付手续费、应付佣金、预售分保账款、预收保费、存入分保准备金。

证券公司的流动负债主要有质押借款、各类应收款项、代买卖证券款和代发行证券款。

信托投资公司的流动负债主要包括拆入资金、代发行债券款、代兑付债券款、各种应付款项。

2. 长期负债

长期负债指的是一年以上要偿还的负债。长期负债主要有长期存款、长期借款、长期应付款和应付债券等。

金融企业的资金渠道来自负债,负债融资可以影响到对股东的回报。负债融资具有"省税功能",即成本可以在所得税前支付。但是,假如该企业管理不当,资金流动安排不合理,利息和本金会给金融企业带来很大的资金风险。

三、所有者权益

所有者权益指的是所有人在企业资产中得到的经济效益,金额就是资产减去负债后所剩下的金额。

金融企业的所有者权益主要包括实收资本(或股本)、资本公积、盈余公积和未分配利润等。另外，金融企业所有者权益也由银行的一般准备金、从事保险公司业务的总准备金、证券公司的一般风险准备金和担任信托投资公司业务的信托赔偿金组成。

金融企业的实收资本，是指投资者根据企业合同或协议准备要求而投入的资本。在股东缴纳资金后，金融企业收到的总资金就成了企业的注册资金，禁止管理人员随意更改注册资金，不能减少或注销。

所有者权益是金融企业非常重要的资金来源，对一家企业能否成立起着决定性的作用，不仅可以建立企业的信用，而且是股东依法享受权益的保障。

四、收 入

收入指的是企业在出售商品、提供劳务和让渡资产使用权等日常活动中逐渐形成经济效益的汇总。收入不包括为第三方或者客户代收的款项。

收入是金融企业发展的前提，是企业资本保值的必要条件，为投资者创造利润。

五、费 用

费用指的是企业为销售商品、提供劳务等日常支出所产生的经济利益的流出。

成本指的是企业为销售商品、提供劳务所产生的费用。

金融企业的费用指的是在为金融商品服务期间所产生的经济利益的耗费，主要指营业成本和营业费用，其中不包含为第三方或者客户预先支付的款项。

金融企业的营业成本，主要是指在营业期间所产生和业务有关的费用，例如，利息支出、手续费、赔款费用、年金给付等。

金融企业的营业费用，指的是金融企业在经营业务和从事管理工作时所产生的费用。金融企业的营业费用主要包括固定资产折旧、业务宣传费、电子设备运转费、安全防卫费、企业财产保险费、低值易耗品摊销、公杂费、印刷费、外事费、劳动保护费、邮电费、理赔勘查费、职工工资、差旅费、水电费、租赁费、修理费、职工福利费、职工教育经费、工会经费、房产税、车船使用税、土地使用税、会议费、诉讼费、公证费、咨询费、无形资产摊销、长期待摊费用摊销、待业保险费、劳动保险费、取暖费、审计费、技术转让费、绿化费、董事会费、上交管理费、广告费和银行结算费等。

六、利润

利润指的是企业在经营一段时间后所得到的财务成果,包含营业利润、利润总额和净利润三个方面。收入、费用和利润三者之间的关系为:

利润=收入－费用

这个等式可以反映出该企业在特定时间内的财务状况,它是企业价值的动态表达式。

第四节 金融企业会计的组织机构

本节关键词:

组织结构、法律法规

本节内容提要:

(1)了解金融企业会计的组织结构。

(2)了解相关法律法规与制度。

金融企业会计的组织机构,指的是金融企业依法在各金融机构系统内部设置专门进行会计工作的金融机构,必须建立完善的规章制度,有专门从事会计的专业人员,必须依照科学的管理方法,使会计工作井然有序地进行,保证会计人员能把相关工作做好。

一、会计机构

一个金融机构工作的重要部分就是金融机构的会计工作，会计机构有特殊的独立性职能，又和其他各类业务紧密联系。把会计工作和其他各类业务进行分类，促使会计工作的顺利进行。因此，必须在金融机构系统内部设立专门进行会计工作的机构。

金融企业会计机构的设立，应和金融机构的管理以及工作内容相匹配。由于金融体制改革和会计改革的不断完善，会计机构要根据金融机构的实际情况设立。

从现状来看，金融企业会计机构可以分为两大部分：一是不直接对外办理业务的金融机构系统内部的领导管理机构，如银行和保险公司等；二是直接办理对外业务，处在会计工作第一线的会计机构，如金融机构基层单位会计科、股等。

对于独立进行核算的附属单位，也可以依据实际情况不设置会计机构，但是，专业的会计人员是必不可少的。

无论哪个级别的金融企业会计机构都一定要在系统内管理人员的领导下，依法按照会计法规，在各自的工作范畴内各司其职，使会计机构成为会计工作的领导者，把会计机构的职责发挥到位。

二、会计的相关法规和制度

为了确保会计工作有条不紊地进行，就要按照特定的法律法规正常进行工作。会计法是会计行业的法律法规，任何金融机构都必须依法进行工作。除此之外，金融机构还应遵循各自机构的法律进行工作，例如，《中华人民共和国中国人民银行法》、《中华人民共和国商业银行法》、《中华人民共和国信托法》、《中华人民共和国银行监督管理法》等。

金融企业会计机构不仅要遵循会计和金融法规，也要按照会计准则和会

计制度开展工作，我国会计行业与时俱进并与国际接轨，从而按照国际会计
准则来设立我国的会计制度。

会计准则主要包括基本会计准则和会计核算两大部分。

基本会计准则主要针对会计核算的一般要求和会计核算的主要方面做出
科学性规定。我国的《企业会计准则》已经颁布实施，作为基本会计准则，该
准则适合国内所有的企业和单位。

《具体会计准则》则依据基本会计准则对各类经济业务的处理和流程作出
详细规定。截至目前，我国已经试行了几项具体会计准则。

会计制度是对会计工作所应遵循的原则、方式和程序的概括，使会计工
作更加规范。

另外，依据行业管理的要求，合理制定银行会计制度、证券公司会计制
度等，使会计工作更加合理和完善。

三、专业会计工作者

金融机构的会计部门，由一些专门考取相关证书并从事管理会计工作，
处理相关事宜的工作人员组成。会计的工作内容都要经过会计人员加工、处
理。因此，会计人员必须有相关学习和工作经验，同时具备较高的职业道德
素质，确保会计工作的顺利进行。

金融机构的会计工作者可以针对机构的需要，根据各个岗位的不同，而
设置相应的职位，各岗位的工作人员应做好自己的分内工作，例如，主管、
记账、复查等职位的工作内容均不同。所有的会计工作人员都要不断提升自
己的综合素质，把工作做好、做精、做细。

第五节　金融企业会计的核算方法

本节关键词：

会计科目、分类、记账、特点

本节内容提要：

（1）了解金融企业会计核算方法。

（2）知道会计科目的概念和作用。

（3）了解借贷记账法的特点。

（4）熟知记账方法的分类。

金融企业的核算方法主要是根据会计的基本核算方法而制定的适合金融企业管理的方法，主要包括基本核算方法和业务核算手续费两大类。基本核算方法主要由会计科目、记账方法、会计凭证、账务组织和财务报告等几部分组成。

一、会计科目的概念和作用

1. 会计科目的概念

会计科目是对会计对象的内容进行分类，把各自的特点和管理要求进行区分。

银行会计科目是对银行会计对象的具体内容进行归类，根据核算要求对银行的各种业务和财务情况进行分类，确保准确反映业务和财务情况。

2. 会计科目的作用

（1）会计科目是银行会计核算的基础和源泉。

（2）会计科目是综合反映、考核综合业务的依据，是监督财务活动的工具，同时为金融会计提供核算资料。

二、会计科目的分类

按照和资产负债表的联系，可以将会计科目分为表内科目和表外科目两类。

表内科目，指的是用资产负债表表示出核算银行资金实际增减的情况。如库存现金等。

表外科目，指的是不列入资产负债表内，用来核算不涉及银行资金运动事项的科目。如开出信用证等。表外科目，主要包括或有事项类、委托代理业务类和备查登记类三项。

三、记账方法

记账方法，是依据记账规则，用特定的记账符号，把日常经济的各类业务整理到会计账簿的一种方式。记账方法分为单式记账法和复式记账法。

（1）单式记账法，指的是针对各项经济业务仅用一个会计科目或者一个账户进行记录，这种记账方式比较简单，但不完整。

（2）复式记账法，是对各项经济业务以等同的金额，通过两个以上的账户进行对照登记，它把资产负债平衡原理作为依据，以经济业务相互联系的关系作为记账的基础，一目了然地反映出所有的经济业务，每个记账科目之间保持对等关系。由于这种记账方式比较科学，因此，表内科目大多采用复式记账法。

四、借贷记账法的特点

借贷记账法的规则：有借必有贷，借贷必相等。在借贷记账法下，任何账户都可以分为借方和贷方。一般情况下，左边为借方，右边为贷方。借贷复式记账法的主要特点如下：

1. 把"借"和"贷"作为记账符号

记账符号是用来指明经济业务而使用的特殊记录标记。

借方的项目包括资产增加、负债与所有者权益减少、收入减少、费用增加和成本增加，这些账户一般为资产类账户。

贷方的项目包括引起的资产减少、负债和所有者权益增加、收入增加和费用减少、成本减少，这些账户一般为负债或所有者权益类账户。

2. 可以设置共同性账户

在借贷记账法下，用设置共同性账户来记录同一个单位经常发生往来款项的企业单位的事宜，简化记账手续。

3. 遵循"有借必有贷，借贷必相等"的记账规则

利用记账法，把各项经济发生的业务以相等的金额记录在借方和贷方。

五、借贷记账法在金融企业会计中的应用

金融企业的各类业务所产生的资金变化，可以参考如下例题。

1. 资产不变

【例】银行用存款 30000 元购置一台机器。

借：固定资产　　　　　　30000

　　贷：银行存款　　　　　　　　30000

2. 一方资产（或费用）增加，另一方负债（或权益）增加

【例】（1）银行给企业发放流动资金贷款 500000 元。

借：银行存款　　　　　500000（资产增加）

　　贷：短期借款　　　　　　　500000（负债增加）

（2）预提某企业存款利息 6000 元。

借：利息支出　　　　　6000（费用增加）

　　贷：应付利息　　　　　　　6000（负债增加）

3. 一方资产减少，另一方负债减少

【例】企业持现金支票来银行支取现金 10000 元。

借：活期存款　　　　　　　10000（负债减少）

　　贷：现金　　　　　　　　　　10000（资产减少）

4. 一方资产（或费用）增加，另一方资产减少

【例】银行用存放同业款项拆出临时资金 1000000 元。

借：拆放同业　　　　　　　1000000（资产增加）

　　贷：存放同业款项　　　　　1000000（资产减少）

以上业务可以看出会计要素的变化，无论业务是否发生，会计基本等式的关系永恒存在。

第二章 政策性银行业务的会计核算

第一节 政策性银行的概述

本节关键词：

政策性银行、商业银行、政策性银行分类

本节内容提要：

（1）了解政策性银行的概念。

（2）熟悉政策性银行资金来源的特点以及资金运用的方式和原则。

（3）了解政策性银行和商业银行的关系及差异。

（4）掌握政策性银行的特点、职能和分类。

政策性银行的产生和发展是国家干预、协调经济的产物。许多国家都设有国家政策性银行，如日本、法国、韩国和美国等。本节主要是对我国政策性银行的概述。

一、政策性银行的概念

政策性银行主要是指由政府创立、参股或担保，以贯彻国家产业政策和区域发展政策为意图、具有特殊的融资原则、不以盈利为目标的信用活动的机构。我国政策性银行的金融业务必须接受中国人民银行的指导和监督，以此来促进经济发展、社会进步。

政策性银行资金来源的特点如图 2-1 所示。

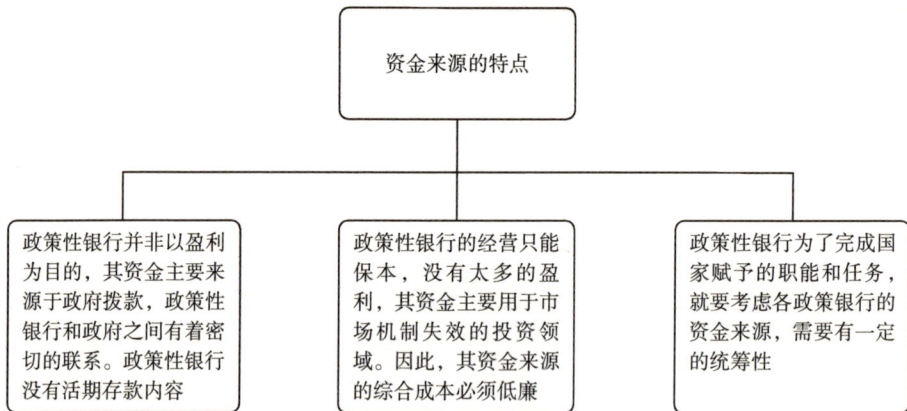

图 2-1 政策性银行资金来源的特点

资金来源的特点

政策性银行并非以盈利为目的，其资金主要来源于政府拨款，政策性银行和政府之间有着密切的联系。政策性银行没有活期存款内容

政策性银行的经营只能保本，没有太多的盈利，其资金主要用于市场机制失效的投资领域。因此，其资金来源的综合成本必须低廉

政策性银行为了完成国家赋予的职能和任务，就要考虑各政策银行的资金来源，需要有一定的统筹性

二、政策性银行和商业银行的不同点

政策性银行和商业银行的不同点表现在以下几点：

（1）任务不同。政策性银行着重于贯彻政府政策意图，确保国家大型基本建设和大宗进出口贸易的顺利完成，并向这些项目提供国家政策性专项贷款，支持国家进行宏观调控，促进社会和经济发展；而商业银行则是经营货币信贷业务并获取利润的企业法人。

（2）经营意图不同。政策性银行不以盈利为目的，而主要从经济发展的角度来评价和选择，目的是建立健全国家宏观调控体系；商业银行以经营工商业存、放款为主要业务，以利润最大化为经营目的，因此业务范围广泛。

（3）资金来源不同。政策性银行的主要资金来源是国家划拨的资金和其他财政性资金、向金融机构发行的债券、向社会发行由财政担保的建设债券以及经批准在国外发行的债券等，它既不接受存款，也不从民间借款；商业银行的主要资金来源是吸收存款，并将吸收存款作为其发放贷款的主要来源。

三、政策性银行的特点和职能

政策性银行的特点如下：

（1）政策性银行的资金多来源于政府财政，而非吸收居民存款。

（2）政策性银行有自己的业务范围，不会与其他银行发生竞争或冲突。

（3）政策性银行的经营理念不以盈利为目的，因此利润微薄。

（4）政策性银行的资金派生能力较弱，与信用创造无关。

（5）政策性银行在融资方面有特定的条件，融资对象通常是在得到融资资金后才可以从政策性银行取得资金，并且提供的利率较低。

政策性银行的职能如下：

（1）信用中介性职能。

（2）直接扶持性职能。

（3）政策导向性职能。

（4）补充辅助性职能。

四、政策性银行的分类

政策性银行的分类如图 2-2 所示。

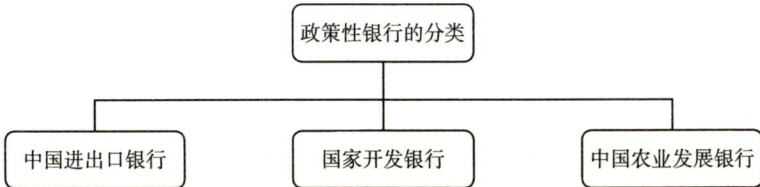

图 2-2　政策性银行的分类

1. 中国进出口银行

1994 年，中国进出口银行成立，总行设在北京，受国务院监督和领导，其国际信用评级和国家主权评级一致，由国家财政全额拨款。

中国进出口银行的主要职责是提供政策性金融支持，不仅扩大我国机电产品、成套设备和高新技术产品进出口，而且推动实力较强的企业开展对外承包工程和境外投资，从而促进对外关系发展和国际经贸合作，提供全面的金融服务和支持，形成强大的国际结算网络。

中国进出口银行目前在国内设有 8 家营业性分支机构和 5 家代表处，在国外设有东南非代表处和巴黎代表处。并且和世界上 140 家银行建立了代理行关系。

2. 国家开发银行

国家开发银行简称"本行"或"开行"，成立于 1994 年，总行设在北京，受国务院监督和领导，由国家财政全额拨款。

国家开发银行的主要职责是为融资推动市场建设服务，不仅通过开展中长期信贷与投资业务为国家发展战略服务，而且本行全面贯彻国家宏观经济政策，筹集资金，资金主要运用在社会发展中的薄弱环节，为市场建设提供大力支持。国家开发银行的经营策略是"不以盈利为目的，取大让小利"。

目前在我国设有 32 家分行和 4 家代表处。

3. 中国农业发展银行

中国农业发展银行也成立于 1994 年，总行设在北京，受国务院监督和领导。中国农业发展银行的资金来源主要是资本金、企业存款、财政支农资金、中央银行再贷款等。其余部分由国家财政全额拨付。

中国农业发展银行的主要职责是提供政策性金融服务，根据国家有关法律的规定，以国家信用为前提，筹集农业政策性信贷资金，代理财政性支农资金的拨付，为政策性金融服务提供大力支持。

五、政策性银行资金运用的方式和原则

政策性银行的资金运用方式主要包括贷款、担保和投资三部分。

（1）贷款。政策性银行的贷款业务在资金运用中占据重要地位。

政策性银行贷款利率较低、期限较长，并且有特定的服务对象，其放贷支持的主要是商业性银行所涉及领域范围之外的业务。

例如，国家开发银行服务于国民经济发展的能源、交通等"瓶颈"行业和国家需要优先扶持的薄弱领域，包括西部大开发和振兴东北老工业基地等，这些领域的贷款量占其总量的绝大部分；中国进出口银行则致力于扩大机电产品和高新技术产品出口以及支持对外承包工程和境外投资项目；中国农业发展银行则主要承担国家政策性农村金融业务，代理财政性支农资金拨付，专司办理肉类、食糖、烟叶、羊毛、化肥等专项储备贷款业务等。

（2）担保。政策性银行担保的方式主要是一般保证和连带责任保证。担保的主要形式包括筹资担保、租赁担保、付款担保、延期付款担保、出口信贷担保等业务。职能主要为政策扶持资金，给从事政策性贷款活动的金融机构大力支持。

（3）投资。在政策性银行资金运用中，投资是一项重要的资产业务。政策性银行的投资主要分为长期股权投资和长期债券投资，政策性银行在经营投资业务期间，应服从宏观经济和政府相关政策的目标要求。

政策性银行资金运用的基本原则主要包括政策性原则、效益性原则、安全性原则和流动性原则。

（1）政策性原则。政策性银行的经营管理必须服从国家产业政策并为其服务。政策性银行一般通过贷款投向、贷款期限和贷款利率的安排来体现国家政策的要求。

（2）效益性原则。政策性银行在经营业务期间，必须遵循效益性原则。这就要求政策性银行追求社会效益，并提高资金运用的经济效益。

（3）安全性原则。政策性银行的安全性要求政策性银行的资金安全，并且顺利收回本息。

（4）流动性原则。政策性银行的资金循环正常，才能提高资金使用率，才能将本行的作用发挥得淋漓尽致。

六、政策性银行和商业银行之间的关系

1. 两者地位平等

在我国，政策性银行与商业银行是两个不可或缺的部分，政策性银行与商业银行在法律地位上是平等的，都是独立的法人机构。政策性银行虽享有丰厚的待遇，但毕竟不是国家权力的代表，其权力不会超过商业银行。

2. 两者相互补充，相互协作

政策性银行设立后，为国有商业银行推行资产负债比例管理提供了资金自求平衡的前提，因为商业银行承担的政策性业务毕竟大大减少了。但政策性银行的业务方式一般是间接的，采用商业银行代理制，即委托商业银行对业务往来对象进行资信调查、发放贷款、检查并收回贷款等。这样看来，两者是相互补充、协作的关系。

第二节　中国进出口银行业务的会计核算

本节关键词：

中国进出口银行、中国进出口银行业务会计科目、中国进出口银行业务会计核算

本节内容提要：

（1）了解中国进出口银行的业务。

（2）熟悉中国进出口银行业务的会计科目。

（3）掌握中国进出口银行业务的会计核算。

中国进出口银行是中国外经贸支持体系的重要力量和金融体系的重要组成部分。本节主要讲述中国进出口银行的业务以及核算方法。

一、中国进出口银行业务

（1）办理出口信贷和进口信贷。

（2）办理对外承包工程和境外投资贷款。

（3）办理中国政府对外优惠贷款。

（4）提供对外担保。

（5）转贷外国政府和金融机构提供的贷款。

（6）办理本行贷款项下国际国内结算业务和企业存款业务。

（7）在境内外资本市场、货币市场筹集资金。

（8）办理国际银行间贷款，组织或参加国际、国内银团贷款。

（9）从事人民币同业拆借和债券回购。

（10）从事自营外汇资金交易和经批准的代客外汇资金交易。

（11）办理与本行业务相关的资信调查、咨询、评估和见证业务。

（12）经批准或受委托的其他业务。

二、中国进出口银行业务会计科目

本节主要以出口贷款业务和结汇业务的核算为例来展开描述。

1. 中国进出口业务出口信贷会计科目

（1）中国进出口银行应设置"人民币短期贷款"科目，主要用来核算对借款人发放和收回的期限在一年以内（含一年）的人民币出口卖方信贷贷款。

（2）中国进出口银行应设置"人民币中长期贷款"科目，主要用来核算对借款人发放和收回的期限在一年以上的人民币出口卖方信贷贷款。

（3）中国进出口银行应设置"外汇短期贷款"科目，主要用来核算对借款人发放和收回的期限在一年以内（含一年）的外汇出口卖方信贷贷款。

（4）中国进出口银行应设置"外汇中长期贷款"科目，主要用来核算对借款人发放和收回的期限在一年以上的外汇出口卖方信贷贷款。

（5）中国进出口银行应设置"利息收入"科目，主要用来核算经营业务中所产生的利息。

（6）利息收入为一级科目，下设："利息收入——01人民币短期贷款利息收入"二级科目；"利息收入——02人民币中长期贷款利息收入"二级科目；"利息收入——03外汇短期贷款利息收入"二级科目；"利息收入——04外汇中长期贷款利息收入"二级科目。

2. 中国进出口银行结汇业务的会计科目

（1）中国进出口银行应设置"进出口企业活期存款"科目，主要用来核算进出口企业存入的贷款项下的本、外币活期存款。

（2）中国进出口银行应设置"外汇买卖——结售汇资金"科目，主要用来核算对本行办理的结售汇业务，以及本行在国内外外汇市场进行的人民币与外币之间的买入与卖出业务。

（3）中国进出口银行应设置"存入保证金"科目，主要用来核算凡本行办理信用证、保函业务，接受存入的保证金存款。

（4）中国进出口银行应设置"系统内资金往来"科目，主要用来核算总分之间本、外币内部资金往来。

（5）中国进出口银行应设置"应付及暂收款"科目，主要用来核算凡对外临时性的应付未付款项，以及在办理业务过程中发生的临时性款项收入。当发生应付或暂收款项时，贷记本科目；当发生实际支付或转销时，借记本科目。

（6）中国进出口银行应设置"存放境外同业"科目，主要用来核算凡本行通过境外账户行开立现汇往来账户办理的收付款项。

（7）中国进出口银行应设置"押汇"科目，主要用来核算凡本行接收国外银行开来信用证项下的出口跟单汇票经本行议付买单的款项，或本行开出信用证后按国外议付行的议付通知经本行偿付款项后垫付的款项。

三、中国进出口银行业务的会计核算

1. 进出口银行办理出口贷款和回收业务的会计核算

（1）财会部门收到经过规定程序批准后的出口信贷用款审批单、贷款借据和信贷资金领用表，认真进行审核，无误后办理贷款开户手续。借款人在进出口银行开有一般性存款账户的，贷款发放时先将款项存入该借款人在本行的存款账户，财会部门根据贷款审批单、借据、头寸表，会计分录为：

借：贷款科目——××（借款人）

　　贷：进出口企业活期存款——××（借款人）

（2）用款时，财会部门收到借款人填制的经信贷部门审核无误的转账汇款申请书，并经过借款合同审查同意后，将款项通过本行代理行转汇到该借款人的约定账户。财会部门根据汇款申请书第一联及银行汇款回单，会计分录为：

借：进出口企业活期存款——××（借款人）

　　贷：存放国内同业款项

（3）借款人在进出口银行无一般性存款账户的，财会部门直接将款项按照上述程序汇予借款人在当地银行开立等结算账户，会计分录为：

借：贷款科目——××（借款人）

　　贷：存放国内同业活期款项

（4）贷款到期前一个月，信贷部门向企业及财会部门递交"贷款到期通知单"。贷款到期，企业通过其开户银行（在非本行代理行开立账户的借款企业同时通知有关代理行），将贷款本金汇入进出口银行指定账户，财会部门凭银行回单进行账务处理，则会计分录为：

借：存放国内同业活期款项

　　贷：有关贷款科目——××（借款人）

（5）电脑部门根据用款期限、还款日期计算清户利息，由信贷部门通知企业，会计分录为：

借：应收利息——有关子目

　　贷：利息收入——有关子目

收到企业汇划的利息后，会计分录为：

借：存放国内同业活期款项

　　贷：利息收入——有关子目

（6）出口贷款业务利息的核算。每季末月份 20 日为本行规定的贷款结息日。信贷部门应在结息日前 10 天将需调整利率的借款合同书面通知财会部门。财会部门于结息日的次日，做如下会计分录：

借：应收利息——有关子目

　　贷：利息收入——有关子目

财会部门收妥企业汇划的利息，审核无误后，凭银行回单作，会计分录为：

借：存放国内同业活期款项

　　贷：应收利息——有关子目

并将加盖"转讫章"的利息回单交企业凭以入账。

2. 进出口银行办理结汇业务的会计核算

（1）进出口银行收妥结汇的款项后，应根据结汇当日的汇率或资金部门提供的汇率办理结汇，进行账务处理。会计分录为：

借：存放境外同业活期（外币）

　　贷：外汇买卖——结售汇（外币）

借：外汇买卖——结售汇（人民币）

　　贷：进出口企业活期存款（人民币）

（2）对于超过外汇保留限额或企业按规定要求结汇的，应提交外币付款凭证，当经业务部门审查无误后，根据结汇当日的汇率或资金部门提供的汇率办理结汇，进行账务处理。会计分录为：

借：进出口企业活期存款（外币）

　　贷：外汇买卖——结售汇（外币）

借：外汇买卖——结售汇（人民币）

　　贷：进出口企业活期存款（人民币）

　　（3）出口押汇，进出口银行在结汇或入账时禁止出具出口收汇核销专用联，须待出口货款收回后，才可以办理相关手续，而且需出具出口收汇核销专用联。会计分录为：

　　借：押汇（外币）

　　　　贷：外汇买卖——结售汇（外币）

　　借：外汇买卖——结售汇（人民币）

　　　　贷：进出口企业活期存款（人民币）

　　（4）对于出口单位未能提供相应凭证的款项，进出口银行不能办理结汇或入账手续，须将原币划入暂收专户，划入暂收专户的外汇不计息，未经外汇局核准不得汇出。原币划入暂收户的会计分录为：

　　借：存放境外同业活期（外币）

　　　　贷：应付及暂收款（外币）

第三节　国家开发银行业务的会计核算

　　本节关键词：

　　国家开发银行、国家开发银行业务会计科目、国家开发银行业务会计核算

　　本节内容提要：

　　（1）了解国家开发银行业务和核算特点。

　　（2）熟悉国家开发银行业务的会计科目。

　　（3）掌握国家开发银行业务的会计核算。

　　国家开发银行自成立以来，一直支持着国家基础设施、基础产业和支柱产业等重点领域，对我国经济发展起到非常重要的作用。本节讲述国家开发

银行的业务以及核算方法。

一、国家开发银行业务和核算特点

国家开发银行的业务主要包括规划业务、信贷业务、资金业务、结算业务、中间业务、金融合作与创新和子公司业务等。

国家开发银行会计核算的特点表现在以下几个方面：

（1）会计工作者应根据发生的会计事项取得或填制会计凭证，根据有效的原始凭证代替记账凭证。

（2）会计工作者根据记账凭证记载各种明细账及有关登记簿，然后根据已到账的记账凭证编制科目，根据科目日结单记载总账。

（3）会计工作者必须遵循"有借必有贷，借贷必相等"的原则办理结账。

（4）会计工作者根据总账、明细账、登记簿等有关资料编制各种会计报表。

（5）会计工作者把处理后的会计凭证、账簿和报表整理、装订、归档保管。

二、国家开发银行业务会计科目

本节以贷款业务的会计科目为例来展开描述。

以下为国家开发银行贷款科目的设置：

国家开发银行应设置"代理开发银行贷款"科目，主要用来核算凡受开发银行委托，代理发放的各类贷款。该科目下设置的二级科目为："代理开发银行基建贷款"主要用来核算凡受开发银行委托，代理发放的基本建设贷款。"代理开发银行技改贷款"主要用来核算凡受开发银行委托，代理发放的技改贷款。"代理开发银行基建软贷款"主要用来核算凡受开发银行委托，代理发放的基本建设软贷款。"代理开发银行专项贷款"主要用来核算凡受开发银行委托，代理发放的专项贷款。

国家开发银行应设置"代理开发银行贷款基金"科目，主要用来核算凡受开发银行委托代理发放各类贷款，开发银行拨来贷款的基金。该科目下设的二级科目为："代理开发银行基建贷款基金"主要用来核算凡开发银行委托发放基本建设贷款拨来的款项，"代理开发银行技改贷款基金"主要用来核算凡开发银行委托发放技改贷款拨来的款项，"代理开发银行专项贷款基金"主要用来核算凡开发银行委托发放专项贷款拨来的款项，"代理开发银行基建软贷款基金"主要用来核算凡开发银行委托发放基建软贷款拨来的款项。

国家开发银行应设置"代理开发银行贷款应收未收利息"科目，属于表外科目，主要用来核算凡代理开发银行贷款计息日应收未收的利息。

三、国家开发银行业务的会计核算

（一）国家开发银行存款的核算

国家开发银行存款包括领取的重要财政拨款、退回的资金和财政核销支出。

当收到财政部拨入用于专项支出的预算资金时，以人民银行的"收账通知"代替借方记账凭证，另填制贷方记账凭证。会计分录为：

借：存放中央银行款项——存款户

　　贷：中央财政拨存资金——中央资金户

依据财政部的书面通知，填制划款凭证向开户行办理退回，同时编制借、贷方记账凭证，财政部的通知书作借方凭证的附件。会计分录为：

借：中央财政拨存资金——中央资金户

　　贷：存放中央银行款项——存款户

根据财政批准的决算，核销专项支出时，凭财政部或有关部门的通知书，编制借、贷方记账凭证，通知书作借方凭证的附件。会计分录为：

借：中央财政拨存资金——中央资金户

　　贷：××科目××户

（二）国家开发银行贷款的核算

国家开发银行贷款的核算包括发放贷款、贷款到期和利息的核算。

（1）会计部门收到信贷部门签开的代理开发银行贷款指标通知书后，据以开立贷款账户，按规定对借款单位办理贷款手续。会计分录为：

1）发放人民币贷款时：

借：代理开发银行贷款（人民币）

　　贷：进出口企业活期存款（人民币）

2）发放外汇贷款时：

借：代理开发银行贷款（外币）

　　贷：外汇专户活期存款（外币）

（2）贷款到期，借款单位还款时，应在还款凭证上注明"归还××贷款本金"字样。会计分录为：

1）归还人民币贷款本金时：

借：进出口企业活期存款（人民币）

　　贷：代理开发银行贷款（人民币）

2）归还外汇贷款本金时：

借：外汇专户活期存款或其他科目（外币）

　　贷：代理开发银行贷款（外币）

项目经办行同时（最迟不得超过次日）将款项上划总行，并在汇款凭证用途栏注明"归还××单位××贷款本金"字样，并将回单联送信贷部门据以销记台账。会计分录为：

1）项目经办行上划人民币贷款本金时：

借：代理开发银行贷款基金（人民币）

　　贷：同城人民银行往来（人民币）

2）项目经办行上划外汇贷款本金时：

借：代理开发银行贷款基金（外币）

　　贷：全国联行往来（外币）

总行收到项目经办行上划的基金时，经审核无误，转入开发银行在总行开立的"开发银行存放款项"专户。会计分录为：

1）收到项目经办行上划人民币贷款本金时：

借：同城人民银行往来（人民币）

　　贷：政策性银行往来——开发银行存放款项（人民币）

2）收到项目经办行上划外汇贷款本金时：

借：全国联行往来（外币）

　　贷：政策性银行往来——开发银行存放款项（外币）

（三）利息的核算

国家开发银行会计核算基本规定第二十三条对计息的基本规定为：

（1）各种计息存、贷款，应在规定的结息日期结息。按季收付息的，以 3 月、6 月、9 月、12 月的 20 日为结息日；按年收付息的，除有特殊规定的外，以 12 月 20 日为结息日。

（2）利息的收、付应于计息的次日转账并签发计息清单。

（3）凡遇到利率调整，必须按调整规定分段计息，结清账户时，应随时结清利息。

（4）计息本金以元为起点，元以下不计息，利息金额计至分，分以下四舍五入。

（5）利息计算的天数"算头不算尾"，即从存入、贷出的当日起算至支取、归还的前一天止，存、贷款期中节假日照计利息。

（6）一年以上的金融债券资金利息，在季度终了按季平均余额预提。

1. 贷款利息的核算

在收取利息时，收取的利息登记台账后，直接（不允许超过次日）上划至开发银行在总行"开发银行存放款项"专户。上划时应在汇款凭证用途栏注明"上划代理开发银行贷款利息"字样，并附列××贷款××借款单位利息清单。

（1）收取人民币贷款利息时，会计分录为：

借：进出口企业活期存款（人民币）

　　贷：同城人民银行往来（人民币）

（2）收取外汇贷款利息时，会计分录为：

借：外汇专户活期存款（外币）

　　贷：全国联行往来（外币）

（3）总行收到项目经办行上划的开发银行利息时，经审核无误，办理转账，会计分录为：

借：同城人民银行往来（人民币）

　　贷：政策性银行往来——开发银行存放款项（人民币）

（4）收到项目经办行上划外汇贷款利息时，会计分录为：

借：全国联行往来（外币）

　　贷：政策性银行往来——开发银行存放款项（外币）

2. 存款计息的核算

活期存款利息，按规定在每季计息日，应根据明细账上的累计积数，算出应付利息，并填制"计算利息清单"一式三联，一联盖业务公章送单位作收账通知，其余两联分别作借贷方记账凭证。会计分录为：

借：利息支出单位存款利息支出户

　　贷：××科目××户

第四节　中国农业发展银行业务的会计核算

本节关键词：

中国农业发展银行、中国农业发展银行业务会计科目、中国农业发展银行业务会计核算

本节内容提要：

（1）了解中国农业发展银行的业务。

（2）熟悉中国农业发展银行业务的会计科目。

（3）掌握中国农业发展银行业务的会计核算。

中国农业发展银行是我国唯一的一家农业政策性银行，中国农业发展银行自成立以来，在探索中前进，服从国家宏观调控，支持国家粮棉购销储业务来实现好的社会效益。本节主要讲述中国农业发展银行的业务和核算方法。

一、中国农业发展银行的业务

中国农业发展银行所经营的业务如下：

（1）办理粮食、棉花、油料收购、储备、调销贷款。

（2）办理肉类、食糖、烟叶、羊毛、化肥等专项储备贷款。

（3）办理粮食、棉花、油料加工企业和农、林、牧、副、渔业的产业化龙头企业贷款。

（4）办理粮食、棉花、油料种子贷款。

（5）办理粮食仓储设施及棉花企业技术设备改造贷款。

（6）办理农业小企业贷款和农业科技贷款。

（7）办理农业基础设施建设贷款。支持范围限于农村路网、电网、水网（包括饮水工程）、信息网（邮政、电信）建设，农村能源和环境设施建设。

（8）办理农业综合开发贷款。支持范围限于农田水利基本建设、农业技术服务体系和农村流通体系建设。

（9）办理农业生产资料贷款。支持范围限于农业生产资料的流通和销售环节。

（10）代理财政支农资金的拨付。

（11）办理业务范围内企事业单位的存款及协议存款、同业存款等业务。

（12）办理开户企事业单位结算。

（13）发行金融债券。

（14）资金交易业务。

（15）办理代理保险、代理资金结算、代收代付等中间业务。

（16）办理粮棉油政策性贷款企业进出口贸易项下的国际结算业务以及与国际业务相配套的外汇存款、外汇汇款、同业外汇拆借、代客外汇买卖和结汇、售汇业务。

（17）办理经国务院或中国银行业监督管理委员会批准的其他业务。

中国农业发展银行的会计工作者在工作中必须运用会计核算手段，正确核算，根据相关法律法规，规范会计工作行为。在工作中，要具备较高的服务意识，为需要会计信息者提供真实可靠的信息。

二、中国农业发展银行业务的会计科目

（1）中国农业发展银行应设置"缴存中央银行存款"科目，主要用来核算中国农业发展银行按规定范围向中央银行缴存的款项。

（2）中国农业发展银行应设置"存放农行款项"科目，主要用来核算存放在农业银行的款项。

（3）中国农业发展银行应设置"存放系统内款项"科目，主要用来核算存放或拆放系统内其他行的款项。

（4）中国农业发展银行应设置"国家专项储备贷款"科目，主要用来核算发放的粮食、棉花、食油、猪肉、食糖、烟叶、羊毛等国家专项储备贷款。

（5）中国农业发展银行应设置"粮棉油调销贷款"科目，主要用来核算发放调销粮棉油贷款。

（6）中国农业发展银行应设置"粮棉油收购贷款"科目，主要用来核算发放收购粮食、棉花、油料贷款。

（7）中国农业发展银行应设置"应收利息"科目，主要用来核算发放各项贷款当期应收到而未收到的利息。

（8）中国农业发展银行应设置"农行存放款项"科目，主要用来核算农

业银行存入中国农业发展银行的款项。

（9）中国农业发展银行应设置"境外筹入资金"科目，主要用来核算中国农业发展银行代表国家从境外筹入的用于国家指定项目的资金。

（10）中国农业发展银行应设置"系统内存放款项"科目，主要用来核算系统内各行存入或拆入的款项。

（11）中国农业发展银行应设置"国家专项存款"科目，主要用来核算国家政府部门的专项存款。

（12）中国农业发展银行应设置"业务管理费"科目，主要用来核算在业务经营和管理过程中发生的各项费用。

（13）中国农业发展银行应设置"其他营业支出"科目，主要用来核算除贷款利息支出、金融机构往来支出、业务管理费之外用于营业性的支出。

（14）中国农业发展银行应设置"营业外支出"科目，主要用来核算发生的与业务经营无直接关系的各项支出。

三、中国农业发展银行业务的会计核算

（一）存款业务的会计核算

1. 企业存入现金时，会计分录

企业存入现金时为：

借：库存现金

贷：同业存放款项

代理中国农业发展银行的会计分录为：

借：存放农行款项

贷：企业单位存款至××企业户

企业购货、汇出款项时，会计分录为：

借：企业单位存款至××企业户

贷：存放农行款项

中国农业发展银行的会计分录为：

借：同业存放款项

　　贷：联行往账

2. 粮棉油购销企业存款

（1）销货回笼款存入核算的处理手续。收到企业提交的结算凭证或汇入的回笼款项、辅助账户回笼款上划时，审查无误后，以进账凭证办理转账。会计分录为：

借：联行往账或存放中央银行款项

　　贷：××企业基本存款至××企业户

（2）收购资金存款的核算。

1）收购贷款转入。

收到经信贷部门审批的发放收购贷款手续时，审查借款手续、借款借据要素是否齐全，利率、期限等是否与借款合同相符以及利率是否正确等，无误后办理转账。会计分录为：

借：××贷款

　　贷：××企业收购资金存款至××企业户

2）支付收购资金。

企业根据收购进度需提取现金、办理转账或拨付辅助账户进行收购、调销等业务时，由企业出具支付结算凭证，经信贷部门审批后办理款项的支付手续。会计分录为：

借：××企业收购资金存款至××企业户

　　贷：库存现金

3. 财政补贴资金存款的核算

1）各项财政拨补资金拨入时的会计分录为：

借：存放中央银行款项或××科目

　　贷：国家专项存款至××单位××补贴户

2）收到财政等部门填制的转拨凭证时的会计分录为：

借：国家专项存款或××科目至××单位××补贴户

　　贷：××科目至××企业户

3）转拨时的会计分录为：

借：国家专项存款或××科目至××单位××补贴户

　　贷：联行往账或××科目

（二）贷款业务的会计核算

政策性贷款是中国农业发展银行的主营业务。

（1）发放贷款时，会计分录为：

借：××贷款至××企业户

　　贷：企业单位活期存款至××企业户

（2）收回贷款时，会计分录为：

借：企业单位活期存款至××企业户

　　贷：××贷款至××企业户

（三）利息支出的核算

计提时，会计分录为：

借：利息支出

　　贷：应付利息

实际支付时的会计分录为：

借：应付利息

　　贷：银行存款

（四）费用支出的核算

会计分录为：

借：业务管理费

　　贷：存放农行款项

（五）结算业务

1. 现金结算

（1）现金收入大于现金付出，农发行划转的会计分录如下：

借：存放农行或存放同业款项

　　库存现金

　　贷：库存现金

代理行本身转账的会计分录为：

借：库存现金

　　贷：库存现金

　　　　农发行存放或同业存放款项

（2）现金收入小于现金付出，农发行划转的会计分录如下：

借：库存现金

　　贷：库存现金

　　　　农发行存放或同业存放款项

代理行本身转账的会计分录为：

借：库存现金

　　存放农行或存放同业款项

　　贷：库存现金

2. 同城结算

（1）收、付款单位在同一代理行并均在农发行开户，凭同城转账结算凭证直接办理账务结转。会计分录为：

借：单位活期存款——××户

　　贷：单位活期存款——××户

（2）收款单位在代理行自营业务开户，付款单位在农发行开户，农发行凭同城结算付款凭证联记载付款单位账务后，填制同业往来账凭证（加盖代理农发行业务公章）连同同城结算收款凭记联划转代理行作自营业务处理，农发行划转的会计分录为：

借：单位活期存款——××户

　　贷：农行存款或同业有效款项

收款单位在农发行开户，付款单位在代理行自营业务开户，先由代理行自营业务比照上述农发行手续处理后，农发行再凭同业往来划账和同城结算收款凭证联办理转账，会计分录为：

借：存放农行或同业存放款项

　　贷：单位活期存款——××户

3. 异地结算

（1）汇出。

农发行开户单位申请办理异地结算，代理行根据开户单位开具的结算凭证付款联记载单位存款账后，对超过人民银行转汇限额的，按人民银行转汇手续办理；已代农发行建立清算席位的，也可直接与收款单位所属系统行就地清算转汇，具体手续按当地同城清交手续办理。划转会计分录为：

借：单位活期存款——××户

　　贷：存放中央银行款项

　　或贷：农行存放或同业存放款项

（2）汇入。

异地汇入的结算资金，如款项通过清缴或人民银行联行转汇已进入农发行在人民银行开立的存款户，凭人民银行的收款通知或同城清缴凭证办理账务结转；如款项是通过代理行联行或清缴系统进入代理行自营业务，代理行应填制同业往来划账凭证划转农发行，会计分录为：

借：存放中央银行款项

或借：存放农行或存放同业款项

　　贷：单位活期存款——××户

第三章 商业银行业务的会计核算

商业银行（Commercial Bank），英文缩写为 CB，网络上称其为"存吧"。商业银行是一个以盈利为目的，以多种金融负债筹集资金，以多种金融资产为经营对象，具有信用创造功能的金融机构。随着社会经济的发展，银行业竞争的加剧，商业银行的业务范围不断扩大，逐渐成为多功能、综合性的"金融百货公司"。

第一节　商业银行出纳业务会计核算

本节关键词：

出纳业务、会计处理、会计核算

本节内容提要：

（1）了解商业银行出纳的主要业务。

（2）知晓各项业务的会计处理及核算。

商业银行出纳是按照银行规定和制度，办理现金收付、银行结算及有关账务，保管库存现金、有价证券、财务印章及有关票据等工作的总称。商业银行出纳业务包括现金收付业务、尾箱管理、出纳现金错款的核算、现金库房管理。

本节主要讲述商业银行出纳的主要业务以及相关会计处理。

一、现金收付业务的会计处理

1. 现金收付业务的内容

现金收付业务指人民币、外币现钞的收付和兑换业务。主要包括柜面现金收付、内部资金调拨、差错处理等内容。

2. 科目设置

设置"库存现金"账户，用于反映现金的增减变化情况。本科目应按现金类设置明细账户核算。"库存现金"的借方是银行收入的现金，贷方是银行支出的现金。如果期末余额在借方，反映的是现金结存数；如果期末余额在贷方，反映的则是现金支出数。

3. 现金收入的核算

收到客户交存的现金及存款凭证，审查凭证无误后，办理有关凭证手续，会计分录如下：

借：库存现金

　　贷：吸收存款——活期存款

4. 现金付款业务核算

收到客户提交的支款凭证后，审查凭证是否合法、有效，会计分录如下：

借：吸收存款——活期存款（××单位户）

　　贷：库存现金

二、尾箱管理的会计处理

1. 尾箱管理的定义

尾箱是便于现金首付而设置的存放本外币现金、有价证券、重要凭证及有关业务公章、个人名章的专用箱。尾箱实行以岗设箱的原则，一岗一箱。每天结束营业后，出纳必须和会计人员核账，经过核实后再和库存现金对账，做到账实相符、账款相符、账账相符。

2. 尾箱的保管

非营业时间尾箱必须入库保管。中午休息时放入专用保险柜，尾箱管理人员不得任意离岗，一定要做到人离箱锁。必须强调的是，监管人和网点负责人为尾箱监管第一负责人。

三、出纳现金错款的会计处理

1. 出纳现金错款的种类

（1）出纳现金错款。指在现金收付业务中，每日终了，结账所发生的现金长款或现金短款。长款、短款及误收假币都属于出纳业务现金错款。

（2）自助取（存）款机错款指客户自行操作的自助设应有金额与自助取（存）款机内清点时的现金实物不符时的差额。

（3）工作事故错款指不涉及外部客户现金收付业务的现金溢出或短缺，如现金内部出入库交接、现金调拨应有金额与实物不符等属于内部现金流动和保管所发生的错款。

（4）舞弊现金损失指银行内部工作人员利用职务之便，侵吞、盗取、骗取或以其他手段非法占有客户资金或本行库存现金造成的现金损失。

2. 出纳现金错款的处理

（1）发生长款的处理。

发生长款时，如当日未能查明原因，会计分录如下：

借：库存现金

　　贷：待处理财产损溢——待处理流动资产损溢

查明原因后，应区分不同情况处理。可退返原主时，会计分录如下：

借：待处理财产损溢——待处理流动资产损溢

　　贷：库存现金

确实无法归还时，经批准后，可以将长款列为银行的收益，会计分录如下：

借：待处理财产损溢——待处理流动资产损溢

　　贷：营业外收入——出纳长款收入

（2）出现短款的处理。发生短款时，如当日未能查清和找回，会计分录如下：

借：待处理财产损溢——待处理流动资产损溢

　　贷：库存现金

查明原因，追回短款时，会计分录如下：

借：库存现金

　　贷：待处理财产损溢——待处理流动资产损溢

经过认真查找，确实无法收回短款时，属于技术性短款或一般责任事故的，按规定的审批手续给予报损，会计分录如下：

借：营业外支出

　　贷：待处理财产损溢——待处理流动资产损溢

四、现金库房管理的会计处理

（一）现金库房管理的概念

现金库房是存放银行现金、贵金属、有价单证的专业库房，它不仅是银行出纳业务极为重要的组成部分，而且是银行的要害部门，按规定不得存放其他物品。现金库房管理金库应符合国家有关部门的行业标准，并履行相关审批、验收程序。金库管理人员（管库员）应为专职人员，金库应按需要设置有关账簿。

（二）现金库房的主要业务核算和业务处理程序

1. 现金库房的主要业务

（1）保管与本行经办业务或代理业务有关的现钞及贵重物品。

（2）办理辖内现金调拨和券别调剂的出入库业务。

（3）向上级行或人民银行现金存取业务。

2. 现金库房主要业务的核算

（1）办理辖内现金调拨和券别调剂的出入库业务。当调出款项时，会计分录如下：

借：联行科目

　　贷：库存现金

当调入款项时，编制相反的会计分录。

（2）向上级行或人民银行现金存取业务。

存入现金时：

借：联行科目（或"存放中央银行款项——××银行存款户"）

　　贷：库存现金

提取时，编制相反的会计分录。

第二节　商业银行存款业务的核算

本节关键词：

存款业务、核算方法

本节内容提要：

（1）了解单位活期存款的核算。

（2）了解单位定期存款的核算。

（3）了解个人活期储蓄存款的核算。

（4）了解个人定期储蓄存款的核算。

存款是商业银行业存在和发展壮大的根本，是银行资产负债表中重要的一项。它是银行贷款的资金来源，也是商业银行规模和利润总额增长的决定性因素。商业银行的存款规模是衡量市场份额、评判公司业绩的重要标志。

商业银行存款业务主要包括单位存款和个人储蓄存款两类。

一、单位存款业务的核算

（一）单位活期存款业务的核算

按照存取方式不同，单位活期存款分为支票户和存折户两类（见图3-1）。

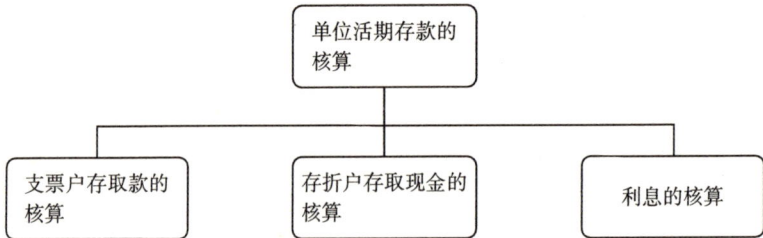

图 3-1　单位活期存款的核算种类

1. 支票户存取款的核算

支票户存入现金时，客户应填写一式两联现金缴款单，连同现金一并送交开户行出纳柜台。银行出纳人员接到后应认真审查缴款单并清点现金，无误后，在缴款单上加盖现金收讫章及名章，登记现金收入日记账。然后，将缴款单第一联作为回单退缴款单位，第二联送达会计柜员，据以登记单位存款分户账。会计分录为：

借：库存现金

　　贷：××存款（或活期存款）

【例】某商业银行办理朝阳百货公司 20000 元现金存款业务。其账务处理为：

借：库存现金　　　　　　　　　　　　　　　20000

　　贷：商业企业存款——朝阳百货公司　　　　　　20000

支票户向银行支取现金时，应签发现金支票，并加盖预留银行印鉴，由取款单位在支票背面"收款人签章"处签章后，提交银行会计柜员。银行会计人员审核无误后，剪下支票右下角的出纳对号单，凭以到出纳柜取款。同时，以现金支票代现金付出传票，登记分户账。会计分录为：

借：活期存款——××单位

　　贷：库存现金

2. 存折户存取现金的核算

存折户存入现金时，应填制存款凭证，连同款项、存折一起交银行出纳柜。银行出纳员接柜后，应认真审查凭证并清点现金无误后，在凭证上加盖现金收讫章及名章，登记现金收入日记簿，然后将凭证和存折一并送交会计柜。会计人员经审查并核对无误后，以存款凭证代现金收入传票，登记分户账和存折，再次复核后将存折交存款人。其会计分录与支票户相同。

存折户支取现金时，应填写取款凭证，并加盖预留印章后，连同存折一并送交银行会计柜。银行会计人员接柜后，应认真审查、核对，确认账折相符后，将出纳对号单给取款人，取款人凭号到出纳柜取款。银行会计人员以取款凭证代现金付出传票登记分户账及存折，其会计分录与支票户相同。

3. 利息的核算

单位活期存款利息实行按季结息，以每季末月的 20 日为结息日。如单位在结息日前销户，应于销户时计付利息。利率的计算公式为：

年利率（%）÷12＝月利率

月利率（‰）÷30＝日利率

年利率（%）÷360＝日利率

会计分录为：

借：利息支出

　　贷：活期存款——××存款户

（二）单位定期存款业务的核算

1. 存入款项的处理

其会计分录为：

借：活期存款——××存款户

贷：定期存款——××单位

第二联定期存单加盖业务公章，并交予存款单位收存。如存款单位要求凭印章支取，则应在第一联、第三联上加盖预留印章，第二联存单也应注明"凭印章支取"字样。第三联代定期存款卡片账留存银行并专夹保管。

2. 到期支取存款的处理

定期存款到期，单位将存单交银行会计柜，银行会计部门将留底的第三联抽出，进行核对无误后，按规定计算应付利息并填制利息清单。对不再续存的存款，在存单上加盖"结清"戳记，以收回存单作借方传票，卡片账为附件，另填制两联转账贷方传票和一联转账借方传票，办理本息结转，其会计分录为：

借：定期存款——××单位

利息支出

贷：活期存款——××单位

转账后登记销户登记簿，将一联转账贷方传票作为收账通知交存款单位。若单位要求续存，则另按开户手续处理。

3. 利息计算

单位定期存款以存入日公布的利率为准，按利随本清的办法结计利息，利息只能转账，不能取现。利率不随存期内利率调整而变动，具体计息方法与定期储蓄存款有关。

【例】2013 年 7 月 20 日，某分行接到本行开户单位冶钢厂开来的转账支票一张，将闲置资金 100000 元转为 6 个月定期存款，月利率 1.02‰。同年底，银行半年期存款利率调整为 1.04‰，银行有关账务处理为：

（1）存入时：

借：工业企业存款——冶钢厂　　　　　　　　100000

　　贷：定期存款——冶钢厂　　　　　　　　　　　　100000

（2）到期时：

应付利息 = 100000 × 1.02‰ × 6 = 612（元）

借：定期存款——冶钢厂　　　　　　　　　　100000

　　　利息支出——单位定期存款利息支出　　612

　　贷：工业企业存款——冶钢厂　　　　　　　100612

二、个人储蓄存款

（一）活期储蓄存款的核算

　　活期储蓄存款是储户可以随时存取、不定期限的一种存款方式。开户金额起点为1元，多存不限，凭存折存取款项，每年计息一次。

　　1. 存入款项的核算

　　储户第一次存入活期存款时，应填写"储蓄存款凭证"。填好后将凭证及现金一并交储蓄所接柜员。经办人员审查凭证并清点现金无误后，在凭证上加盖现金收讫章并登记"活期储蓄开销户登记簿"，其会计分录为：

　　借：库存现金

　　　　贷：活期储蓄存款——××户

　　打印存折并加盖业务公章后，将存折交给储户。

　　2. 支取款项的核算

　　储户持存折来行取款时，需填写"储蓄取款凭证"，将存折及凭证交储蓄所接柜员，接柜员审查无误后，在凭证上加盖现金付讫章，并以取款凭证代借方传票登记分户账，其会计分录为：

　　借：活期储蓄存款——××户

　　　　贷：库存现金

　　3. 销户的处理

　　储户应按存款余额填写取款凭证，储蓄所凭以记账并结出利息余额。储户将取款凭证及存折交接柜员，接柜员审查无误后，计算利息并填写利息清单，然后在存折和分户账上加盖"结清"戳记。其会计分录为：

　　借：吸收存款——活期储蓄存款——××户

　　　　利息支出——活期储蓄存款利息户

贷：库存现金

　　应缴预费——代扣利息税

同时登记销户登记簿，并将第二联利息清单及现金交储户。

4. 利息的核算

银行规定储蓄存款每年计息一次，从上年 7 月 1 日至本年 6 月 30 日为一个计息年度，每年 6 月 30 日为结息日，结出利息和本金。单位若销户，不论存期长短，利息随本金结清，其原理与单位活期存款账页计息法相同。

（二）定期储蓄存款的核算

下文仅对整存整取、零存整取的定期储蓄存款进行会计核算并做相关介绍。

1. 整存整取定期储蓄存款的处理

储户开户时，应填写"储蓄存款凭证"，连同现金一并交给银行接柜员。接柜员审查凭证无误后，打印一式三联"整存整取定期储蓄存款存单"，第一联作定期储蓄存款贷方传票；第二联存单加盖业务公章后交储户执存，凭以取款；第三联卡片账储蓄所留存。如储户要求凭密码支取，应在第一、第三联上加盖预留密码。然后，登记分户账，会计分录为：

借：库存现金

　　贷：定期储蓄存款——整存整取××户

储户取款时，经办人员拿出卡片账进行核对，确认无误后，计算应付利息。结清后，加盖"结清"戳记。会计分录为：

借：定期储蓄存款——整存整取××户

　　利息支出——定期储蓄利息支出户

　　贷：库存现金

　　　　应交税金——代扣利息税

若储户要求提前支取一部分存款，应采取满付实收、更换新存单的做法处理，即对原存单本金视同一次付出，同时按规定计付提前支取部分的利息。对未支取部分按原定存期、到期日、利率等内容另开新存单。其会计分录为：

借：定期储蓄存款——整存整取××户

利息支出——定期储蓄利息支出户（提前支取部分利息）

贷：库存现金（税后利息）

定期储蓄存款——整存整取××户（续存部分）

计算公式为：利息＝本金×期限×利率

2. 零存整取定期储蓄存款的核算

零存整取开户时，由储户填写"储蓄存款凭证"，连同现金一并交予银行接柜员。接柜员确认无误后，登记开户登记簿，编列账号，开立分户账与存折。若储户要求预留密码，接柜员则在分户账上注明。复核后，以存款凭证代贷方传票作账，会计分录如下：

借：库存现金

贷：定期储蓄存款——零存整取

到期支取时，储户应将存折交予银行接柜员。接柜员核对无误后，计算利息，注销存折，登记分户账并销记登记簿，在存折及分户账上加盖"结清"戳记。会计分录为：

借：定期储蓄存款——零存整取××户

利息支出——定期储蓄利息支出户

贷：库存现金

应交税金——代扣利息税

储户提前支取定期储蓄存款时，应提交身份证件，银行经办人员审核无误后，办理提前支取手续。在存折和分户账上加盖"提前支取"戳记。

零存整取利息计算方法：月积数法。

利息＝月存金额×累计月积数×月利率

累计月积数＝（存入次数＋1）÷2×存入次数

第三节　商业银行贷款业务会计核算

本节关键词：

贷款、会计核算、坏账、贷款利息

本节内容提要：

（1）了解短期贷款的会计核算。

（2）了解中长期贷款的会计核算。

（3）了解贷款利息的会计核算。

（4）做好坏账准备的会计核算。

商业银行应当根据国民经济和社会发展的需要，在国有产业政策指导下开展贷款业务。

一、商业银行贷款的概念和核算原则

1. 贷款的概念

贷款指的是借款人向金融企业借款，而金融企业需要对借款人提供按约定利率和约定期限还本付息的货币资金。按贷款期限，可以分为短期贷款和中长期贷款。

2. 商业银行贷款业务的核算原则

商业银行在进行贷款核算时，要对本金、利息、自营贷款、委托贷款、应计贷款和非应急贷款分别进行核算。

二、短期贷款业务的会计核算

短期贷款业务的会计核算如图 3-2 所示。

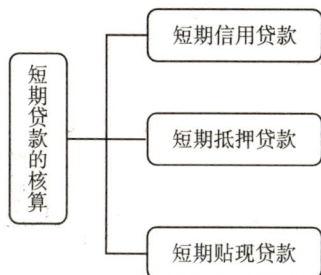

图 3-2 短期贷款业务的会计核算

（一）短期信用贷款的核算

银行应设置"短期贷款"科目，在发放贷款时，借记"短期贷款"，收回贷款时记入贷方。

1. 贷款发放时核算

借款人申请贷款时，第一步向信贷部门提交贷款申请书，经信贷部门审核批准后，双方商定贷款的额度、期限、用途、利率等，并审核借款合同或协议。在签订合同后，借款单位需要用款时，需要填制一式五联的借款凭证，送信贷部门审批。会计部门收到借款凭证后，应认真审查信贷部门的审批意见，审核无误后，办理转账业务。会计分录为：

借：贷款——本金——借款单位户

贷：吸收存款——借款单位户（实际支付的金额）

2. 到期收回贷款的核算

借款在到期日按时归还借款时，应填制还款凭证一式四联，四联分别为交款凭证、收款凭证、还款记录和回单。借款人在还款凭证上盖章并开出转账支票，经过银行工作人员审核无误后，办理转账业务。会计分录为：

借：活期存款——××存款户

贷：短期贷款——××存款户

应收利息

贷款还清后，应同时计算贷款利息。若是定期结息，会计分录为：

借：活期存款——××存款户

贷：利息收入——××短期贷款利息收入

应收利息

短期贷款——××贷款户

3. 贷款逾期的会计核算

贷款逾期，通常分为三种情况：第一种是借款单位没有提前向银行申请办理展期手续；第二种是申请展期没有获得银行的同意；第三种是已经办理展期到期日仍未能归还贷款，就视为逾期贷款。

银行应设置"逾期贷款"科目，其间所发生的逾期贷款借记"逾期贷款"，收回或核销时记入贷方。

借：逾期贷款——借款单位逾期贷款户

贷：贷款——借款单位贷款户

（二）短期抵押贷款业务的会计核算

抵押贷款是抵押贷款的一种，申请人把财产作为抵押，向银行申请贷款，而银行则对借款人抵押财产的价值进行估量，从而发放的贷款。如果申请企业到期不能归还贷款本息，银行则依法对其贷款抵押物进行处置，并从所得价款收入中获取贷款本息。

1. 抵押贷款发放的核算

抵押贷款是指按照《中华人民共和国担保法》规定的抵押方式，以借款人或第三人的财产作为抵押物而发放的贷款。可以作为抵押物的财产包括抵押人所有的房屋、其他地面附着物、所有的机器、交通工具、其他财产、国有机器、交通运输工具，承包的荒山、荒丘、荒地等。

银行应设置"抵押贷款"科目，发放抵押贷款时借记"抵押贷款"，收回或核销时记入贷方。

商业银行按当前市场发放的贷款，应按发放贷款的本金和交易费用之和作为初始确认金额，会计分录为：

借：抵押贷款——××单位户

　　贷：活期存款——××单位存款户

对抵押物进行详细登记，并通过表外记载，会计分录为：

收入：待处理抵押品——××单位

2. 抵押贷款到期收回的核算

抵押贷款到期，借款人把转账支票交到银行办理还款手续。会计分录为：

借：活期存款——××单位存款户

　　贷：抵押贷款——××单位利息收入户

同时抵销记表外科目和抵押品登记簿。其会计分录为：

付出：待处理抵押品——××单位户

3. 抵债资产的核算

当商业银行发放抵押贷款不能收回时，有权依法处置抵债资产，在取得抵债资产时，会计分录为：

借：抵债资产

　　贷款损失准备

　　资产减值损失

　　贷：非应计贷款——借款人户

　　　　应交税费

　　　　资产减值损失

　　　　营业外支出

付出：应收未收贷款利息——借款人户

　　　代保管有价值品——抵押人户

在商业银行处置抵债资产时，会计分录为：

借：库存现金

　　抵债资产跌价准备

　　营业外支出

贷：应交税费

抵债资产

营业外收入

在取得抵债资产转为商业银行为己所用时，会计分录为：

借：固定资产

贷：抵债资产

（三）短期贴现贷款业务的会计核算

贴现贷款是指收款人向银行发出申请，将尚未到期的商业汇票申请贴现，银行则在票据到期之前，利息扣除后将剩下的余额付给贴现人的一种贷款。

1. 贴现利息和实付贴现金额的计算公式

贴现利息＝汇票金额×实际贴现天数×日贴现率

实际贴现金额＝汇票金额－贴现利息－手续费

2. 贴现贷款业务的会计核算

银行应设置"贴现"科目，在发放贴现贷款时，借记"贴现"，收回时则记入贷方。

（1）发放贴现贷款时，办理转账的会计分录为：

借：贴现——商业承兑汇票或银行承兑额

贷：活期存款——贴现申请入户

利息收入

手续费收入

（2）商业承兑汇票到期收回后贴现款，承兑人开户行收到贴现银行寄来的委托收款凭证及汇票后，于汇票到期日将票款从承兑人账户内划出，划收贴现银行，则会计分录为：

借：活期存款——承兑人存款户

贷：联行往账

贴现银行收到承兑人开户行划回票款，应按照第五联贴现凭证及联行贷方报单转账，则会计分录为：

借：联行来账

　　贷：贴现——商业承兑汇票

3. 银行承兑汇票到期收回贴现款处理方法

贴现银行应委托收款结算凭证办理转账，以第五联贴现凭证作贷方传票，银行承兑汇票作借方传票，会计分录为：

借：联行往账

　　贷：贴现——银行承兑汇票

汇票到期时承兑银行应向承兑申请人收取票款，会计分录为：

借：活期存款——承兑申请入户

　　贷：应解汇款——承兑申请入户

承兑银行收到贴现银行寄来的汇票及联行借方保单时，会计分录为：

借：应解汇款——承兑申请入户

　　贷：联行来账

三、中长期贷款的会计核算

金融企业应设置"中长期贷款"科目，在发放中长期贷款时，借记"中长期贷款"，收回时则记入贷方。

1. 发放中长期贷款时

借：中长期贷款——××贷款户

　　贷：活期存款——××存款户

2. 计算应收贷款利息时

借：应收利息——××贷款户

　　贷：利息收入——中长期贷款利息收入

3. 逾期贷款处理

借：逾期贷款——××贷款户

　　贷：中长期贷款——××贷款户

四、贷款利息的核算

(一) 贷款利息的计算方法

商业银行发放各种贷款的利息计算方法分为定期收息和利随本清两类。

定期收息的计算公式为：

应收利息＝计息日积数×（月利率÷30）

利随本清的计算公式为：

应收利息＝还款金额×日数×月利率÷30

(二) 贷款利息的会计核算

商业银行通过"应收利息"科目核算发放贷款、存放同业、拆出资金等生息资产当期应收的利息。

按计提应收利息时，商业银行编制"计收利息清单"，会计分录为：

借：应收利息

　　贷：利息收入

收到利息时，会计分录为：

借：吸收存款——借款单位户

　　贷：利息收入

五、坏账准备的会计核算

坏账是指企业无法收回或者收回极少部分的应收款项。坏账损失是商业银行的一种费用。

（1）不计提坏账准备的，发生的坏账损失采用直接注销法，计入当期成本，会计分录为：

借：资产减值损失

　　　　贷：应收账款

收回已核销的坏账损失，会计分录为：

　　借：应收账款

　　　　贷：资产减值损失——坏账损失

　　借：银行存款

　　　　贷：应收账款

（2）计提坏账准备的，要设置"坏账准备"科目，贷记"坏账准备"转销时，记在借方。会计分录为：

　　提取坏账准备时，会计分录如下：

　　借：资产减值损失

　　　　贷：坏账准备

　　冲销坏账准备时，会计分录如下：

　　借：坏账准备

　　　　贷：应收账款

　　发生坏账损失时，会计分录如下：

　　借：应收账款

　　　　贷：坏账准备

　　已确认并转销的坏账损失，以后又收回的，则按收回的金额处理，会计分录如下：

　　借：应收账款

　　　　贷：坏账准备

　　借：银行存款

　　　　贷：应收账款

　　当期应提取数小于收回的坏账损失金额与本科目账面金额之和，其差额应冲减坏账准备。

　　借：坏账准备

　　　　贷：资产减值损失

第四节　商业银行国内支付结算业务的会计核算

本节关键词：

商业汇票、汇票支付、本票支付、托收承付

本节内容提要：

（1）了解商业汇票支付结算。

（2）了解银行汇票支付结算。

（3）了解银行本票支付结算。

（4）了解支票支付结算。

（5）了解汇兑支付结算。

（6）了解委托收款支付结算。

（7）了解托收承付。

商业银行的支付结算方式有七种：商业汇票、银行汇票、银行本票、支票、汇兑、委托收款、托收承付。本节简单介绍商业银行国内支付计算业务的会计核算。

一、商业汇票支付结算业务的核算

（一）商业汇票的概念

商业汇票是出票人签发的，委托付款人在指定日期无条件支付确定的金额给收款人或者持票人的票据。在银行开立账户的法人及法人内部组织之间，根据合同进行商品交易和清偿债权债务，均可以使用商业汇票。商业汇票在同城和异地均可使用。

（二）商业汇票的核算

1. 商业承兑汇票支付结算的核算

（1）付款人收到商业承兑汇票，于见票日持委托收款凭证第五联通知银行支付款项的，银行按照委托收付款的处理手续办理划款。委托收款经办人员在"收到委托收款凭证登记簿"上注明付款日期，将第三联、第四联委托收款凭证连同付款人付款通知一起交给记账人员。以委托收款凭证第三联作借方记账凭证。

如果收款人开户行为本系统银行，则通过联行或电子汇划划款；如果收款人开户行为跨系统银行，则按照"跨行汇划款项，相互转汇"的办法处理。会计分录如下：

借：应收票据

　　贷：应收账款

付款完毕后，委托收款凭证第五联交转讫章管理人员加盖转讫章，作付款通知交给付款人。

（2）付款人未于见票日通知银行支付款项的，银行委托收款经办人员于发出通知次日起第四天上午开始营业时，按（1）的处理手续将款项划给收款人开户行。

（3）银行对付款人在见票日通知银行付款或自发出通知次日起第四天上午办理划款时，付款人存款账户余额不足支付的，应向收款人开户行发出付款人未付票款通知书，并对付款人按票面金额的 5% 但不低于 1000 元的罚款。"未付票款通知书"一式三联，付款人开户行将第一联通知书和第三联委托收款凭证一并留存备查，并在"受到委托收款凭证登记簿"上注明"存款不足，未予支付"字样。另两联通知书加盖业务用公章，连同第四联、第五联委托收款凭证一起寄给收款人开户银行转交收款人。

（4）付款人拒绝支付的，应在自银行发出通知次日起三日内，填制拒绝付款理由书，加盖预留银行签章连同第五联委托收款凭证和商业承兑汇票一起交开户银行。银行经核对无误后，在委托收款凭证和"收到委托收款凭证登记簿"上注明"拒绝付款"字样，然后将第一联拒绝付款理由书加盖业务用公章退给付款人，将第二联理由书连同第三联委托收款凭证一并留存备查，将第三联、第四联理由书加盖业务用公章连同第四联、第五联委托收款凭证和商业承兑汇票一起寄给收款人开户银行转交给收款人。

2. 银行承兑汇票支付结算的核算

承兑银行委托收款人应当经常查看汇票的到期情况，对即将到期的汇票应及时通知出票人到期日前向银行足额交存票款。收到票款的，会计分录如下：

借：应付账款——出票人户
　　贷：应付票据——出票人户

如出票人到期仍未将票款交存银行，银行应根据承兑协议规定对出票人执行扣款。收取时，填制特种转账贷方凭证一联，借方凭证两联，在"转账原因"栏内注明"根据××号汇票划转票款"。一联作贷方记账凭证，另一联作借方记账凭证，以承兑协议副本作附件。最后一联加盖转讫章通知交出票人。会计分录如下：

借：应收账款——出票人户
　　贷：短期借款——出票人户

出票人账户无款或不足支付时，应转入出票人逾期贷款户并照逾期贷款的规定计收利息。账户无款支付时，填制特种转账贷方凭证一联，借方凭证两联，在"转账原因"栏内注明"××汇票无款支付转入逾期贷款户"。一联作贷方记账凭证，另一联作借方记账凭证，以承兑对协议副本作附件。最后一联加盖转讫章作逾期贷款通知交出票人。会计分录如下：

借：应付票据
　　贷：短期借款

二、银行汇票支付结算业务的核算

(一) 银行汇票的概念

银行汇票是出票银行签发的，由其在出票时按实际结算金额无条件支付给收款人或者持票人的票据。银行汇票的出票银行既是出票人，又是付款人。

(二) 银行汇票的核算

1. 本系统银行汇票付款的核算

(1) 收款人在本行开户的，银行在第一联进账单上加盖"转讫"章退给收款人，第二联进账单作贷方记账凭证。会计分录如下：

借：××存款——申请人户

贷：汇出汇款

(2) 收款人不在本行开户的，需一次或分次支付款项时，均应通过"应解汇款"科目核算。会计分录如下：

借：××存款——申请人户

贷：应解汇款——收款人

(3) 收款人不在本行开户的，向销货人支取款项的，应填制一联支款凭证和一式两联进账单。会计分录如下：

借：应解汇款——××户

贷：××科目——销货人户

(4) 收款人不在本行开户，需支取现金的，应填制一联支款凭证，会计分录如下：

借：应解汇款——收款人户

贷：银行存款——业务现金户

2. 跨系统银行签发的银行汇票付款的核算

会计分录如下：

借：存中央银行存款——存款户

  贷：××科目——收款人

3. 银行汇票清算的核算

(1) 汇票全额付款的，会计分录如下：

借：汇出汇款——汇出汇款户

  贷：辖内往来

(2) 汇票有多余款的，会计分录如下：

借：汇出汇款——汇出汇款户

  贷：辖内往来

    ××科目——申请人户

(3) 未在本行开户的，会计分录如下：

借：汇出汇款——汇出汇款户

  贷：辖内往来

    其他应付款——申请人户

三、银行本票支付结算业务的核算

(一) 银行本票的概念

银行本票是银行签发的，承诺自己在见票时无条件支付确定的金额给收款人或者持票人的票据。银行本票既可用于转账，也可用于支取现金。

(二) 银行本票的核算

(1) 收款人与申请人不在同一银行付款和结清本票的，代理付款行接到收款人交来的本票和两联进账单时，应当认真审查。审查无误后，在第一联进账单上加盖转讫章，作收账通知交给收款人，在本票上加盖转讫章，通过票据交换向出票行提出交换。会计分录如下：

借：辖内往来（同城票据交换）

贷：××科目——持票人户

（2）收款人与申请人在同一银行付款和结清本票的，处理分两种情况：

1）转账本票的处理程序。出票行受理本行签发的转账本票，除不通过票据交换外，比照上述（1）的程序办理。

2）现金本票的处理程序。出票行接到收款人交来的填明"现金"字样的本票时，应抽出专夹保管的本票卡片予以审核。核对无误后，审查收款人的身份证件，审查无误后，由收款人填制支款单。然后经办人员发给收款人对号牌，本票作借方凭证，交复核员复核。

复核员对上述事项进行认真复核，无误后，将支款单送交出纳部门。复核员在本票联加盖"转讫单"做结清本票处理。会计分录如下：

借：开出本票——××户

　　贷：辖内往来

四、支票支付结算业务的核算

（一）支票的概念

支票是由出票人签发，委托办理支票存款业务的银行和金融机构在见票时无条件支付确定的金额给收款人或者持票人的票据。

（二）支票的核算

1. 转账支票支付结算的核算

银行收到收款人提交的转账支票和二联进账单时，先由临柜人员审查，复核员对支票及进账单记载的事项进行复核。对符合规定的，在支票进账单上加盖"转讫章"及复核名章，第一联退交收款人作收账通知。支票作借方凭证，第二联作贷方记账凭证。会计分录如下：

借：××存款——出票人户

　　贷：××存款——收款人户

银行接到签发人送来的支票和三联进账单时，按有关规定审查后，在支票和进账单上加盖转讫章，支票作借方凭证，第二联进账单作贷方凭证。第一联进账单作回单交出票人，第三联作收账通知交收款人。会计分录同上。

2. 现金支票支付结算的核算

收款人持现金支票支取现金时，出票人开户行经办人员应认真审查。无误后，发给收款人对号牌，凭此向出纳部门取款。以现金支票作借方记账凭证，会计分录如下：

借：××存款——出票人户

　　贷：库存现金——业务现金户

3. 普通支票支付结算的核算

普通支票可以用于支取现金，也可以用于转账，但是划线支票只能用于转账。采取不同的方式便用相关的手续进行办理。

五、汇兑支付结算业务的核算

（一）汇兑的概念

汇兑是汇款人委托银行将款项汇给外地收款人的结算方式。单位、个体经济户和个人各种款项的核算，均可使用汇兑结算。汇兑分为信汇、电汇两种。

（二）汇兑的核算

1. 信汇的核算

（1）汇出行受理信汇凭证时，应认真审查，确认无误后，办理转账。会计分录如下：

借：××存款——汇款人户

　　贷：清算资金往来——××清算中心往户

汇款人以现金汇款的，银行需填制一联特种转账贷方传票，会计分录如下：

借：库存现金

　　贷：应解汇款及临时存款——汇款人户

（2）汇入行接到汇出行或转汇行寄来的邮划贷方报单及信汇凭证第三联、第四联并经审核无误后，分情况处理。

运用直接收款法时，收款人在汇入行开立存款账户的，可将汇入款项直接转入收款人账户。以第三联信汇凭证作贷方传票，邮划贷方报单作借方传票。会计分录为：

借：清算资金往来——××清算中心往来户

　　贷：活期存款——收款人户

不运用直接收款法时，收款人未在汇入行开立存款账户的，以第三联信汇凭证作贷方传票。会计分录为：

借：清算资金往来——××清算中心往来户

　　贷：应解汇款及临时存款——收款人户

然后登记应解汇款登记簿，通知收款人来行办理取款手续。

收款人来银行取款时，汇入行审查其身份证件，并抽出留存的第四联信汇凭证，核对无误后办理付款。需要支取现金的，应填制现金付出传票。会计分录为：

借：应解汇款及临时存款——收款人户

　　贷：库存现金

2. 电汇的核算

（1）汇出行的处理手续。汇出行受理电汇凭证时，应认真审核，无误后转账，其会计分录与信汇相同。根据三联电汇凭证编制三联电划贷方报单凭以向汇入行拍发电报。电汇凭证上填明"现金"字样的，电报的金额前加拍"现金"字样。

（2）汇入行的处理手续。汇入行接到汇出行发来的电报，审核无误后，按电报内容编制三联电划贷方补充报单，第一联代联行来账卡片，第二联代转账贷方传票，第三联代收账通知交收款人，其余手续与信汇相同。

六、委托收款支付结算业务的核算

(一) 委托收款的概念

委托收款是收款人委托银行向付款人收取款项的结算方式。在银行或其他金融机构开立账户的单位、个体经济户和个人凭付款人的债务证明办理款项的结算，均可以使用委托收款的结算方式。

(二) 委托收款的核算

(1) 收款人开户行受理委托收款的处理。收款人办理委托收款时，将一式五联"邮划委托收款凭证"提交开户行。开户行审核无误后，第一联加盖业务公章退还收款人；第二联专夹保管，并登记"发出委托收款凭证登记簿"；第三联加盖联行结算专用章连同第四联、第五联及有关债务证明一并寄付款人开户行。

(2) 付款人开户行的处理。付款人开户行收到收款人开户行寄来的第三联、第四联、第五联委托收款凭证及有关债务证明时，应认真审查；审查无误后，在凭证上填注收到日期，根据第三联、第四联凭证逐笔登记"收到委托收款凭证登记簿"后专夹保管，并分情况处理：

1) 付款人为银行的，银行应在当日将款项主动支付给收款人，以第三联委托收款凭证作借方传票，有关债务证明作附件，会计分录如下：

借：××科目——××户

  贷：辖内往来

2) 付款人为单位的，银行应将第五联委托收款凭证加盖业务章后，连同有关债务证明交给付款人。银行于付款期满次日上午开始营业时，将款项划给收款人，以第三联作借方传票，留存债务证明的，债务证明及第五联付款通知书作附件办理转账。会计分录如下：

借：××科目——付款人户

  贷：辖内往来

七、托收承付支付结算业务的核算

（一）托收承付的概念

托收承付是根据购销合同由收款人发货后委托银行向异地付款人收取款项，由付款人向银行承兑付款的一种结算方式。托收承付结算款项的划回方法有邮寄和电报两种，由收款人选用。

（二）托收承付的核算

1. 托收

收款人办理托收时，采用邮寄划款的，应填制一式五联邮划托收承付结算凭证；采用电划的，应填制电划托收承付凭证一式五联。收款人在第二联上签章后，将凭证及有关发货证件和其他单证一并提交开户行。开户行审核无误后，在第一联托收凭证上加盖业务公章给收款人表示受理，第二联据以登记"发出托收结算凭证登记簿"并专夹保管，第三联加盖联行专用章。第三联、第四联、第五联连同有关单证一并寄付款人开户行。

2. 承付

（1）全额付款的处理。付款人在承付期满前通知银行全额付款，或在承付期满日开户行营业终了前账户有足够资金支付全部款项时，付款人开户行应在次日上午及时办理划款手续，以第三联托收凭证作借方传票。会计分录如下：

借：××科目——付款人户

　　贷：联行往账

转账后，在登记簿上填明转账日期。将第四联托收凭证随同联行贷方报单电报划款的，应根据第四联电划托收凭证编制联行电划贷方报单，凭以向收款人开户行拍发电报。

（2）多承付的处理。付款人要求托收多承付款项一并划回时，应填制"多承付理由书"提交开户行。开户行审查后，在托收凭证和登记簿备注栏注明多承付的金额，以"多承付理由书"第二联代借方传票，第三联托收凭证作附件办理转账，会计分录如下：

借：××科目——付款人户

贷：联行往账

转账后，将"多承付理由书"第一联加盖转讫章作支款通知书交给付款人。收凭证随同联行邮划贷方报单一并寄收款人开户行。

第五节　商业银行外汇业务的会计核算

本节关键词：

外汇买卖、外汇存款、外汇贷款

本节内容提要：

（1）了解外汇买卖业务。

（2）了解外汇存款业务。

（3）了解外汇专户存款。

（4）了解外汇贷款核算。

（5）了解国际贸易结算。

外汇是用于国际经济来往，各专业银行和其他金融机构经国家外汇管理局批准均可办理。本节外汇业务核算的项目包括外汇买卖的核算、外汇存款的核算、外汇贷款的核算和国际贸易结算的核算。

一、外汇买卖业务的会计核算

银行在办理外汇买卖业务时，应设置"外汇买卖"账户来进行核算。买入外汇时，外币金额记入贷方，支付的人民币记入借方；当卖出外汇时收回的人民币记入贷方，外币金额记入借方。

【例】假设某投资者持港币 100 元，需要兑换人民币（钞买价 102%），会计分录为：

借：库存现金　　　　　HKD100

　　贷：外汇买卖　　　　　　　　　HKD100

借：外汇买卖　　　　　¥102

　　贷：库存现金　　　　　　　　　¥102

二、外汇存款业务的会计核算

外汇存款的对象包括甲种外币存款和外汇专户存款两大类。

1. 外币存款存入时的核算

（1）若直接以国外汇入汇款或国内联行转汇款存入时，会计分录为：

借：汇入汇款或其他科目（外币）

　　贷：活期（定期）外汇存款（外币）

（2）若直接以外币现钞存入现汇户时，会计分录为：

借：库存现金（外币）

　　贷：货币兑换（钞买价）（外币）

借：外汇买卖（汇买价）（人民币）

　　贷：外汇买卖（汇卖价）（人民币）

借：货币兑换（汇卖价）（外币）

　　贷：吸收活期（定期）存款（外币）

2. 外币存款支取时的核算

（1）若以原币汇往国外或国内异地，会计分录如下：

借：吸收活期（定期）存款（外币）

　　贷：汇出汇款或其他科目（外币）

（2）支取存款时兑换成人民币的会计分录如下：

借：吸收活期（定期）存款（外币）

　　　　贷：货币兑换（买入价）（外币）
　　借：货币兑换（人民币）
　　　　贷：货币兑换（卖出价）（人民币）
　　借：货币兑换（外币）
　　　　贷：汇出汇款等（外币）

　　3. 外汇存款利息的计算

　　（1）外币活期储蓄存款。每年 6 月 30 日为结息日，以原币入账，若中途调整利息率，应按不同利率分段计息，中途销户的随时结清利息。外汇活期储蓄存款结息日的会计分录如下：

　　借：利息支出（外币）
　　　　贷：吸收活期储蓄存款——××户（外币）

　　（2）外币定期储蓄存款，采用到期取本付息。外币定期储蓄存款到期时，由存款人凭存单及预留印鉴或其他约定方式向银行支取本息。会计分录如下：

　　借：外汇定期储蓄存款（外币）
　　　　应付利息（外币）
　　　　贷：库存现金（外币）

　　（3）单位外汇活期存款利息，采用余额表按季结息。每季度末月 20 日为结息日，结息后以原币入账。单位活期外汇存款计息的会计分录如下：

　　借：利息支出（外币）
　　　　贷：吸收活期外汇存款（外币）

　　（4）单位定期外汇存款按对年对月计息，不足一年或一月的应折算成日息计算。根据权责发生制原则，单位定期外汇存款应按季计提应付利息。计提利息时，会计分录如下：

　　借：利息支出（外币）
　　　　贷：应付利息（外币）

　　定期外币到期，提取本息的会计分录如下：

　　借：应付利息（外币）
　　　　定期外汇存款（外币）

　　　贷：库存现金（外币）

外汇专户存款的会计处理如下：

（1）外汇专户存款存入时，会计分录为：

借：汇入汇款或其他科目（外币）

　　　贷：外汇专户存款（外币）

（2）外汇专户存款支取时，如支取外汇汇往国外，会计分录为：

借：外汇专户存款（外币）

　　　贷：汇出汇款（外币）

如支取外汇作人民币结汇处理，会计分录为：

借：外汇专户存款（外币）

　　　贷：外汇买卖（外币）

借：外汇买卖（人民币）

　　　贷：库存现金（人民币）

三、外汇贷款的核算

　　借款人申请外汇贷款，要填写借款申请书后才可以开立外汇贷款账户。

　　外汇贷款的贷出业务的核算。对外支付外汇与贷款同属于一种货币时，会计分录为：

借：短期外汇贷款——借款单位户（外币）

　　　贷：存放同业款项——存放境外同业或联行外汇往来（外币）

　　对外支付外汇与贷款非同一种货币时，例如借美元，对外支付港元，会计分录为：

借：短期外汇贷款——借款单位户（美元）

　　　贷：外汇买卖（美元）

借：外汇买卖（买价）（人民币）

　　　贷：外汇买卖（人民币）

借：外汇买卖（港元）

贷：存放同业款项——存放境外同业（港元）

四、国际贸易结算的核算

国际贸易结算的核算方式包括信用证、托收和汇兑三种方式。

（一）信用证结算方式的核算

信用证的业务包括进口方业务和出口方业务两个方面，本书主要讲述进口业务的核算。

进口信用证结算业务范围主要包括开立信用证、审单付款。

（1）开立信用证核算如下：

借：应收开用信用证款项

    贷：开出信用证

（2）审单付款。国内审单付款，进口商审单后确认付汇。

1）即期信用证付款方式。

借：开出信用证

    贷：应收开出信用证款项

借：吸收活期存款

    贷：货币兑换

借：货币兑换

    贷：存放同业等

2）远期信用证付款方式。

承兑时：

借：应收承兑汇票款

    贷：承兑汇票

承兑到期：

借：承兑汇票

    贷：应收承兑汇票款

借：吸收活期存款

　　贷：货币兑换

借：货币兑换

　　贷：存放同业等

（二）托收结算方式的核算

托收结算业务包括进口方业务和出口方业务两大类。

1. 进口业务的核算

（1）收到国外单据的核算。代收行收到进口方的单据后，携进口代收单据通知书和单据一起交给进口商，会计分录为：

借：应收进口代收款项（外币）

　　贷：进口代收款项（外币）

（2）办理对外付款的核算。进口商对进口单据确认付款，代收行则按相关规定办理对外付款手续。会计分录为：

借：吸收存款——活期存款（进口商）（人民币）

　　贷：货币兑换（汇卖价）（人民币）

借：货币兑换（汇卖价）（外币）

　　贷：存放同业（或其他科目）（外币）

借：进口代收款项（外币）

　　贷：应收进口代收款项（外币）

2. 托收项下出口业务的核算

（1）发出托收单证的核算。出口商备货出运并取得货运单据后，要填写相关申请书一式两联，并和出口单据一起交送银行办理托收。银行审核后，将申请书一联退给出口商作为回单，另一联填写出口托收委托书。托收行发出托收凭证时，会计分录为：

借：应收出口托收款项（外币）

　　贷：代收出口托收款项（外币）

（2）收妥进账的核算。出口托收款项实行收妥进账，银行根据国外银行已贷记报单或授权借记通知书时，经核实确认后，才可以办理收汇或结汇，会计分录为：

借：出口托收款项（外币）

　　贷：应收出口托收款项（外币）

借：存放同业（或其他科目）（外币）

　　贷：货币兑换（汇买价）（外币）

借：货币兑换（汇买价）（人民币）

　　贷：吸收存款——活期存款（出口商户）（人民币）

（三）国际汇兑结算方式的核算

1. 国际汇兑结算的概念

国际汇兑结算是外汇银行通过国外联行或同业间款项的划拨，结算不同国家间债权、债务关系的一种方式。

2. 国际汇兑结算主要包括汇出国外汇款和国外汇入汇款两种方式

（1）汇出国外汇款的核算。

1）汇款人来行办理汇款手续时，应填交申请书，银行受理办理相关手续。若汇款人从其现汇存款账户中汇款，会计分录为：

借：吸收活期存款（外币）

　　贷：存放同业等（外币）

2）若汇款人购买外汇支付汇款的，会计分录为：

借：吸收活期存款（人民币）

　　贷：货币兑换（人民币）

借：货币兑换（外币）

　　贷：汇出汇款（外币）

3）汇款解付后的核算。

国外汇入行接到本行的汇款凭证之后，告知本行，会计分录为：

借：汇出汇款（外币）

　　贷：存放同业款项（外币）

（2）国外汇入汇款的核算。

汇入行接到国外汇出行的汇款电报、电传或信汇委托书后，要立即仔细审查，确保无误后，填制汇款通知书，告知收款人来本行取款。若收款人没有现汇账户，收回时必须结汇，会计分录为：

借：存放同业款项（外币）

　　贷：汇入汇款（外币）

汇款解付时，会计分录为：

借：汇入汇款（外币）

　　贷：货币兑换（外币）

借：货币兑换（人民币）

　　贷：吸收存款（人民币）

收款人有现汇账户的，会计分录为：

借：存放同业等（外币）

　　贷：吸收存款（外币）

第六节　商业银行收入、费用和利润的核算

本节关键词：

银行收入、银行费用、银行利润

本节内容提要：

（1）了解商业银行收入的核算。

（2）了解商业银行费用的核算。

（3）了解商业银行利息的核算。

商业银行在经营业务过程中会出现收入、费用和利润，本节分别对这三项进行阐述。

一、商业银行收入的核算

（一）金融企业往来的收入核算

金融企业应设置"金融企业往来"科目，当往来收入产生利息时，借记本科目，贷记"金融企业往来收入"。

例如，工商银行缴存中央银行一般存款，根据相关规定必须全部计息，所以应按季清算，当中央银行计付利息通知工商银行转账时，会计分录为：

借：存放中央银行款项——存中央银行存款户

　　贷：金融企业往来收入

（二）手续费收入的核算

银行应设置"手续费"科目，当银行发生各类手续费收入时，贷记"手续费收入"，当确认手续费收入时，会计分录为：

借：应收账款

　　贷：手续费收入

实际收到手续费收入时，会计分录为：

借：库存现金或银行存款

　　贷：应收账款

期末余额结转利润，会计分录为：

借：手续费收入——××户

　　贷：本年利润

（三）利息的收入

银行应设置"利息收入"科目，当利息收入发生时，贷记"利息收入"。

当期收到利息时，会计分录为：

借：应收利息

　　　　　　贷：利息收入

当期末收到利息时，计算应收利息，会计分录为：

　　借：应收利息

　　　　　　贷：利息收入

实际收到应收利息时，会计分录为：

　　借：库存现金

　　　　　　贷：应收利息

（四）其他业务收入的核算

银行应设置"其他业务收入"科目，当其他业务产生时，贷记"其他业务收入"。当银行确认其他业务收入时，会计分录为：

　　借：应收账款

　　　　　　贷：其他业务收入——××收入户

当期末结转利润时，会计分录为：

　　借：其他业务收入

　　　　　　贷：本年利润

（五）汇兑收益的核算

银行应设置"汇兑收益"科目，当银行发生汇兑收益时，贷记"汇兑收益"。当发生汇兑收益时，会计分录为：

　　借：货币兑换——记账本位币

　　　　　　贷：汇兑收益

（六）公允价值变动损益核算

公允价值变动损益是商业银行持有的金融资产或金融负债，是由公允价值变动形成的损益。资产负债表日，企业应按交易性金融资产公允价值高于其账面余额的差额，会计分录为：

　　借：交易性金融资产——公允价值变动

贷：公允价值变动损益

二、商业银行费用的核算

(一) 金融企业往来支出的核算

银行应设置"金融企业往来支出"科目，当发生往来利息支出时，借记"金融企业往来支出"，向同业拆入资金利息支出时，会计分录为：

借：金融企业往来支出

　　贷：存放同业款项

(二) 手续费支出的核算

银行应设置"手续费支出"科目，当发生手续费支出时，借记"手续费支出"。当支付手续费时，会计分录为：

借：手续费支出

　　贷：库存现金

(三) 利息支出的核算

银行应设置"利息支出"科目，当发生利息支出时，借记"利息支出"，会计分录为：

借：利息支出

　　贷：库存现金

(四) 其他业务支出的核算

银行应设置"其他业务支出"科目，当发生除主营业务活动以外的其他活动的支出时，借记"其他业务支出"，会计分录为：

借：其他业务支出

　　贷：累计折旧或累计摊销

年末时，则会计分录为：

借：本年利润

　　贷：其他业务支出——××户

（五）汇兑损失的核算

银行应设置"汇兑损失"科目，当发生汇兑损失时，借记"汇兑损失"，会计分录为：

借：汇兑损失

　　贷：外汇买卖

（六）营业税金及附加的核算

银行应设置"营业税金及附加"科目，当发生与经营活动有关的税费时，会计分录为：

借：营业税金及附加

　　贷：应交税费——应交营业税

（七）业务及管理费的核算

商业银行发生各项业务及管理费时，会计分录为：

借：业务及管理费

　　贷：库存现金等

（八）资产减值损失的核算

商业银行根据资产减值等准则确定资产发生减值的，按应减记的金额，会计分录为：

借：资产减值损失

　　贷：贷款损失准备

　　　　抵债资产跌价准备

三、商业银行利润的核算

（一）银行利润的构成

利润是指企业在一定会计期间的经营成果，包括营业利润、营业总额和净利润。三项利润的计算公式分别如下：

营业利润＝营业收入－营业成本－营业费用＋投资净收益

利润总额＝营业利润－营业税金及附加＋营业外收入－营业外支出

净利润＝扣除资产损失后利润总额－所得税

（二）利润的会计核算

1. 营业税及附加

商业银行收入按规定应缴纳营业税，营业税金以营业额作为计税依据。

营业税金及附加的计算公式为：

营业税＝计税营业外收入额×营业税率

银行应设置"营业税金及附加"科目，当营业税金发生时，借记"营业税金及附加"。期末计提应交营业税及附加时，会计分录为：

借：营业税金及附加

　　贷：应交税费

期末将营业税金及附加按规定结转本年利润时，会计分录为：

借：本年利润

　　贷：营业税金及附加

2. 利润的结转与核算

商业银行应设置"本年利润"科目，期末，把各损益类科目余额转入"本年利润"科目，用来结算出本年盈亏情况。年度终了，将"本年利润"结转至"利润分配"的未分配利润明细科目之后，"本年利润"科目无余额。会计分录为：

借：利息收入

　　手续费收入

　　投资收益

　　公允价值变动损益

　　汇兑损益

　　其他业务收入

　　营业外收入

　　贷：本年利润

借：本年利润

　　贷：利息支出

　　　　手续费支出

　　　　投资收益

　　　　公允价值变动损益

　　　　汇兑损益

　　　　营业税金及附加

　　　　业务及管理费

　　　　资产减值损失

　　　　其他业务成本

　　　　营业外支出

　　　　所得税费用

通过以上会计分录可以看出，如果"本年利润"余额在贷方，表示盈利；若在借方，则表示亏损。

第四章 信托投资公司业务的会计核算

第一节 信托投资公司主要业务概述

本节关键词：

信托、委托、代理、信托投资业务

本节内容提要：

（1）了解信托投资业务的意义。

（2）熟悉信托与委托、代理的区别。

（3）了解信托投资公司的种类。

（4）掌握信托投资公司的业务种类。

信托投资在公司管理信托财产上，应恪尽职守，履行诚实、信用、谨慎、有效管理。本节就主要讲述信托投资公司的主要业务。

一、信托投资业务的意义

信托随着社会发展而产生，它具有"信用"和"托管"两重含义，在信用的前提下，用委托的方式对财产进行管理。即"受人之托，代人理财"。

广义信托，包括商品信托和金融信托；而狭义信托，则是指金融信托。

本节所讲的信托是金融信托，是信托投资公司以信用为基础，接受客户的委托，依照投资者的要求，经营他们的财产。

信托投资是我国金融机构中不可缺少的一部分，在社会经济中起着至关重要的作用，具体表现如下：

（1）可以在广泛领域发挥作用。满足经济发展中多种债权债务关系及资金运用方式对信用方式和融资方式多样化的要求。

（2）信托业务的发展可以满足企业对资金的需求，使无偿支持变为有偿支持，有利于促进企业加强管理，提高经济效益。

（3）可以弥补信贷融资的不足，信托和信贷两者相互补充，共同为社会经济发展提供更加完善的金融服务。

二、信托与委托、代理的区别

信托与代理的区别为：成立条件不同、名义不同和财产性质不同。

1. 成立条件不同

设立信托，需有信托财产，若没有合法财产，就无法确立信托关系。

委托、代理关系不以合法财产的存在为前提。

2. 名义不同

信托关系中，受托人以自己的名义行事。

在委托和代理中，受托人通常以委托人的名义行事。

3. 财产性质不同

信托关系中，信托财产独立于受托人的自有资产和委托人的其他资产，委托人、受托人或者受益人的债权人不被允许对信托财产主张权利。

委托、代理关系中，委托人的债权人可以对委托财产主张权利。

三、信托投资公司的种类

信托投资公司的种类如图 4-1 所示。

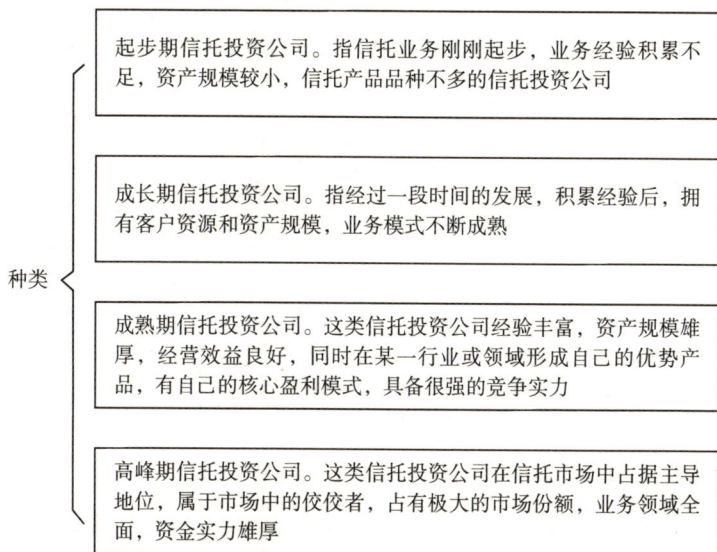

图 4-1　信托投资公司的种类

四、信托投资公司的业务种类

（一）信托存款和信托贷款

信托存款指的是信托投资机构以信用托管的形式把委托人的存款吸入机构，委托人把资金交给信托公司管理，并没有指定使用的范畴。依据委托人和受托人协商的收益率，在经营过程中取得的收益扣除受托人所应获取的费用外，其他资金全部归委托人所有。信托投资机构办理信托业务的绝大多数资金主要来源于信托存款。

信用贷款业务指的是信托投资机构利用吸入进来的信托存款、自有资金和通过其他方式而筹集到的资金以贷款的方式向需要办理贷款业务的单位提供资金，同时收取一定利息。

（二）信托投资与委托投资

1. 信托投资

信托投资指的是信托投资机构以投资者身份直接对企业的生产、经营和管理进行投资，并参与投资企业利润分配的经济行为。信托投资属于信托行业的基础业务，需要承担一定的投资风险，它的收益和项目收益息息相关。

信托投资和信托贷款的不同点如图 4-2 所示。

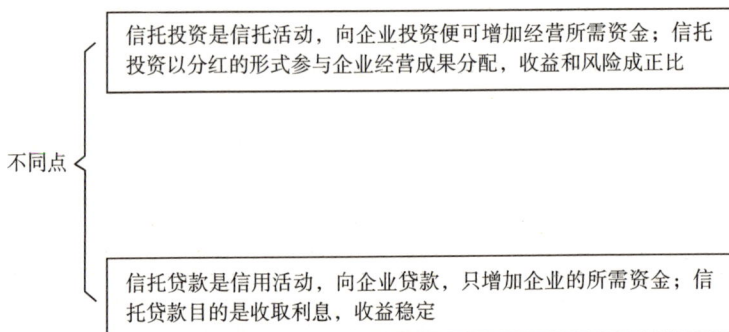

```
         ┌─────────────────────────────────────────────────┐
         │ 信托投资是信托活动，向企业投资便可增加经营所需资金；信托 │
         │ 投资以分红的形式参与企业经营成果分配，收益和风险成正比   │
不同点 ⟨  └─────────────────────────────────────────────────┘
         ┌─────────────────────────────────────────────────┐
         │ 信托贷款是信用活动，向企业贷款，只增加企业的所需资金；信 │
         │ 托贷款目的是收取利息，收益稳定                       │
         └─────────────────────────────────────────────────┘
```

图 4-2　信托投资和信托贷款的不同点

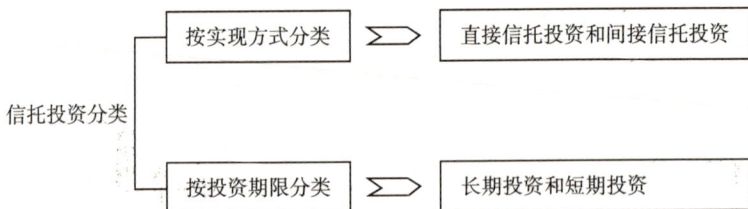

```
               ┌──────────────┐        ┌────────────────────┐
               │ 按实现方式分类 │ ⟹    │ 直接信托投资和间接信托投资 │
信托投资分类 ⟨  └──────────────┘        └────────────────────┘
               ┌──────────────┐        ┌────────────────────┐
               │ 按投资期限分类 │ ⟹    │ 长期投资和短期投资       │
               └──────────────┘        └────────────────────┘
```

图 4-3　信托投资的分类

2. 委托投资

委托投资指的是委托人把资金放入信托投资机构作为委托投资基金，委托信托投资机构向指定的投资企业进行投资，然后信用投资机构对投资使用情况、投资单位的经营概况和利润分配进行管理和监督。

委托投资和信托投资的不同点：

（1）信托投资的资金主要来源于信托机构的自有资金；信托投资公司不参与投资企业的利润分红，只负责收取手续费，因此并不承担风险。

（2）委托投资的资金主要来源于吸收委托人的资金，在经营过程中需要承担一定的风险。

3. 代理

代理业务指的是信托投资机构接受单位和个人的委托，以代理人的身份为客户办理相关业务。在代理业务中，信托投资机构只负责管理和服务，无须要求委托人转移其财产所有权。信托投资机构的代理业务主要包括：代理首付款业务、代理清偿债权债务、代理证券业务、担保签证业务、代理保管业务等。

代理业务和信托业务的不同点：

（1）信托业务和代理业务的权限范围不同，信托业务中委托人权限较广，而代理人的权限相对较窄。

（2）信托业务和代理业务的责任大小不同，信托业务委托人担负的责任比较大，而代理业务中的代理人担负的责任较小。

（3）信托业务和代理业务的监督方式不同，信托业务中的委托人通常不对受托人进行监督，而代理业务中的代理人则必须接受受托人的监督。

4. 信息咨询业务

信息咨询业务指的是信托投资机构把所有的信息资料，按照所需情况，进行信息加工、整合归类，方便咨询者的一种活动。

信托投资机构办理的信息咨询业务主要包括：评审类信息咨询、委托中介类信息咨询和综合类信息咨询。

五、信托业务会计核算的特点

信托业务和其他金融机构的业务有所不同，其会计核算也有自身的特点。

信托业务有以下两个特点：

（1）信托财产应独立于固有财产，并应与委托人未设立信托的前提财产作出区别。

（2）以信托项目作为独立的会计核算主体。

第二节　信托公司存款业务的会计核算

本节关键词：

信托公司存款业务、信托存款、委托存款

本节内容提要：

（1）掌握信托公司存款业务的核算。

（2）掌握委托存款业务的核算。

在信托业务中，委托人把资金放入金融信托机构后，对资金的使用并没有做出具体要求，信托人能自主为其运营。不过委托机构要对最低收益率提出要求，信托机构的收益为信托贷款的利息，信托机构要承担经营风险。

一、信托公司存款业务的核算

信托存款是在特定的资金来源范围内，由金融机构办理的存款。信托存款吸收的资金主要来源于企业生产和流通环节以外的非经营性资金，而不是生产和流通领域的闲置资金和预算内资金，而且委托人有自主支配权。例如，财政部门拥有有偿使用的预算外资金，各企业主管部门可自主支配和有偿使用的资金，劳动保险机构的劳保基金，科研单位的科研基金和基金会的基金等。

信托存款一般为定期超过一年的定期存款。

1. 信托存款的核算

委托人要求存入信托存款，确定存款金额和期限，经过信托机构审核通过后，两者需签订"委托存款协议书"，之后由信托机构会计部门为其办理信托存款账户，把委托人在银行的存款账户划转到信托机构银行账户里。会计分录为：

借：银行存款

  贷：信托存款——××单位户

2. 信托存款利息的核算

信托存款从信托机构开出存单时计息，在存款到期后要计清利息，在存期内依据权责发生制原则定期计算应付利息。会计分录为：

借：利息支出——信托存款利息支出户

  贷：应付利息——××单位户

3. 信托存款到期支取的核算

信用存款到期后，客户向机构提取存款，信托机构工作人员审核后，把本金和利息一起结清，划转到客户的存款账户上。会计分录为：

借：信托存款——××单位户

  应付利息——××单位户

  利息支出——信托存款利息支出户

  贷：银行存款（存款本息之和）

二、委托存款业务的核算

1. 业务流程

客户和信托投资机构协商办理委托业务后，双方应签订"委托存款协议书"，标明存款的资金来源、金额、期限以及双方的责任等。信托投资机构按照"委托存款协议书"为客户开立委托存款账户，由客户把委托存款资金存到信托投资机构开立的银行账户里，信托投资机构则向客户开具"委托存款单"。

2. 账户设置

为了反映和监督委托存款业务的实际状况，应设置"实收信托——委托存款户"、"营业费用——委托存款利息支出"等科目。"实收信托——委托存款户"属于负债类科目，贷方反映信托投资公司代客户向指定的企业或项目进行贷款或投资而收到客户存入的款项，借方反映归还的委托资金，期末贷方余额反映尚未归还的委托存款资金。委托存款按委托业务持续时间的不同，分为委托存款和短期委托存款，该科目应按存款客户设置明细科目。

3. 账户处理

（1）开立委托存款账户的核算。委托人通过自己的开户银行把委托资金存入信托投资机构开立的银行账户里后，信托投资机构应将收账通知告诉委托人，并向委托人开具"委托存款单"，然后处理账务。会计分录如下：

借：银行存款

　　贷：实收信托——××单位委托存款户

（2）委托存款计息的核算。委托存款在发放委托贷款和进行委托投资前，信托投资机构应向委托人计付利息，而发放委托贷款和进行委托投资后，便不再计息。信托投资公司机构按银行同期活期存款利率按季计息，计息计数为委托存款和委托贷款余额的轧差数。会计分录为：

借：营业费用——××委托存款利息支出户

　　贷：应付利息——××单位委托存款利息户

（3）支取委托存款的核算。委托人可以随时支取委托存款，但已发放委托贷款的，在收回贷款之前无法支取。所以，对委托存款的支取只能限制在委托存款余额与委托贷款余额的轧差数之内或者是在委托贷款收回之后。信托投资机构收到委托人支取委托存款的通知后，将款项通过开户银行划入委托人的银行账户里。会计分录为：

借：实收信托——××单位委托存款户

　　贷：银行存款

第三节 信托公司贷款业务的会计核算

本节关键词：

信托公司贷款业务、委托贷款、信托贷款

本节内容提要：

（1）掌握委托贷款业务的核算。

（2）掌握信托贷款业务的核算。

在信托投资公司中，贷款业务所占的比例比较大，会计工作人员应合理处理贷款业务的核算工作。

一、委托贷款业务的核算

1. 委托贷款的发放

委托人必须将贷款的主要内容书面通知信托机构，通知中写明借款单位、贷款项目、贷款金额、贷款期限、利率等。若委托人要求信托机构在贷款到期时负责收回，那么，信托机构应按信贷程序审查，经批准后才可以贷出。发放委托贷款时，信托机构应与借款人签订委托贷款合同，并由借款人填写借款借据一并提交信托机构。

信托机构将发放的贷款通过开户银行转入借款人的存款账户。则会计分录为：

借：委托贷款——××单位委托贷款户

　　贷：银行存款

2. 收取手续费的核算

在委托存贷款业务中，手续费就是信托机构的主要收入。手续费收入根据发放委托贷款的金额，按手续费率计算。手续费率的高低依信托机构承担责任的大小确定。

（1）假如信托机构不负责到期收回贷款，手续费率较低，并且是在发放贷款时向委托人收取。

（2）如果信托机构负责到期收回贷款，则手续费率要高些，一般是按一定比例的存贷利差向借款人收取。信托机构负责按季向借款人收取，在委托贷款到期时付给委托单位。

1）向委托人收取手续费。一般在发放贷款时通过委托人在银行的存款账户收取。则会计分录为：

借：银行存款

　　贷：手续费及佣金收入

2）向借款人收取手续费。若向借款人收取手续费，则手续费按存贷利差的一定比例计算。一般在按季向借款人收取贷款利息时一并收取。向借款人收取的贷款利息应付给委托人。会计分录为：

借：银行存款

　　贷：应付账款——应付委托贷款利息户手续费收入

3. 委托贷款到期收回的核算

（1）收回委托贷款。其会计分录为：

借：银行存款

　　贷：委托贷款——××单位委托贷款户

如果有尚未收取的贷款利息和手续费，则贷记"应付账款"和"手续费收入"。

（2）归还委托存款及委托贷款利息。

若按协议规定在贷款收回后终止委托行为，信托机构应将委托存款及委托贷款利息通过"银行存款"户划委托人。会计分录为：

借：委托存款——××单位委托存款户

　　应付账款——应付委托贷款利息户

　　贷：银行存款

二、信托贷款业务的核算

信托贷款是信托机构运用其自有资金、吸收的信托存款及筹集的其他资金来源而自主发放的贷款。

1. 贷款发放的核算

信托贷款的发放，先要由借款单位提出申请，经信托机构审查认为符合贷款条件的，与借款单位签订借款合同，并由借款人填写借款借据提交信托机构办理贷款发放手续。发放信托贷款的会计分录为：

借：信托贷款——××单位信托贷款户

　　贷：银行存款

2. 信托贷款的计息

信托贷款的利息按季收取，采用计息余额表计算积数后计算利息。其利息从借款人的银行账户上收取。借款人无款支付或不足支付的，其不足支付部分作为应收利息处理。会计分录为：

借：银行存款

　　贷：利息收入——××利息收入户

3. 贷款收回的核算

信托贷款到期，由借款人签发转账支票、还款凭证办理贷款归还手续。收回贷款的会计分录为：

借：银行存款

　　贷：信托贷款——××单位信托贷款户

第四节　信托公司投资业务的核算

本节关键词：

长期投资、短期投资、投资业务核算

本节内容提要：

（1）了解短期投资的概念。

（2）掌握短期投资中投资、投出、转让及到期收回的核算。

（3）熟悉长期投资的概念及会计科目的设置。

（4）掌握长期投资的会计核算。

信托公司的投资业务可以分为长期投资和短期投资。

一、短　期　投　资

短期投资指的是投资可以随时变现，而且持有的时间小于或等于一年的投资。一般来说，短期投资只是为了暂时存放剩余资金，通过这种投资方式可以获取比银行存款利息要高的差价收入。当信托公司自有资金不足时，短期投资具有随时变现的优势，例如企业购买股票、债券和基金等。

短期投资属于流动资产，该投资须随时可以上市流通。

1. 短期投资的核算

按照《金融企业会计制度》规定，短期投资在取得时应当按照投资成本计量，通常投资成本指的是企业购入股票、债券和基金时实际支付的价格。具体的确定方法如下：

以现金购入的短期投资，按实际支付的全部价款，包括税金、手续费等相关费用。

投资者投入的短期投资，按投资各方确认的价值，作为短期投资成本。

企业接受的债务人以非现金资产抵偿债务方式取得的短期投资，或以应收债权换入的短期投资，按应收债权的账面价值加上应支付的相关税费，作为短期投资成本。

以非货币性交易换入的短期投资，按换出资产的账面价值加上应支付的相关税费，作为短期投资成本。

2. 短期投资投入的核算

（1）购入首次发行的各种股票、债券和基金等作为短期投资时，会计分录为：

借：短期投资——××股票（或债券、基金）

　　贷：银行存款（或有关科目）

（2）购入股票实际支付的价款中含有已宣告但尚未领取的现金股利时，会计分录为：

借：短期投资——××股票

　　应收股利——××股票

　　贷：银行存款（或有关科目）

（3）购入债券实际支付的价款中包含已到付息期尚未领取的利息时，会计分录为：

借：短期投资——债券

　　应收利息

　　贷：银行存款（或有关科目）

3. 短期投资转让的核算

短期投资显著的特点即流动性强，可以随时变现，满足资金需要。另外，当市场波动能够获取较高收益时，金融企业可以把短期投资的证券随时抛出来获得利润。但是，金融企业转让短期投资时，若价格上涨，就获得收益；反之，则发生亏损。

（1）公司出售短期持有的股票、债券，产生净收益时，会计分录为：

借：银行存款（或有关科目）（实际收到的金额）

短期投资跌价准备（已计提的跌价准备）

　　贷：短期投资——股票（或债券、基金）

（2）公司出售短期持有的股票、债券，产生净损失时，会计分录为：

借：银行存款（或有关科目）

　　短期投资跌价准备

　　投资收益

　　贷：短期投资——股票（或债券、基金）

（3）公司如果转让股票、债券、基金所获价款中含有应收利息，并且扣除后仍有净收益，会计分录为：

　借：银行存款（或有关科目）

　　短期投资跌价准备

　　贷：短期投资——股票（或债券、基金）

　　　　应收利息（或应收股利）

　　　　投资收益

（4）短期投资到期收回的核算。短期投资到期收回通常指债券投资到期将本息收回。如果到期收回债券产生净收益，会计分录为：

借：银行存款（或有关科目）

　　短期投资跌价准备

　　贷：短期投资——债券

　　　　应收利息

　　　　投资收益

二、长 期 投 资

　　长期投资指的是不具备短期投资条件的另一种投资方式，也就是不打算在小于或等于一年的经营周期之内转变为现金的投资。金融企业采用长期投资的目的在于持有，短时间内并不准备出售，这是和短期投资的不同之处。

　　长期投资会计科目的设置：

信托公司应设置"长期股权投资"科目，属于资产类科目，主要用来核算企业投出的期限在一年以上的各种股权性质的投资，包括购入的股票和其他股权投资。借方登记企业进行的各种股权投资的实际价款，贷方登记企业按持股比例享有的被投资者单位宣告分派的现金股利或利润的份额。本科目期末借方余额，反映企业持有的产期股权投资的价值。

信托公司应设置"长期债券投资"科目，属于资产类科目，主要用来核算企业购入的一年内（不含一年）不能变现或不准备随时变现的债券和其他债券投资。借方登记企业取得的长期债券投资，贷方登记到期收回的长期债权。本科目期末借方余额，反映企业持有的长期债券投资的本息和未摊销的溢价金额。

信托公司应设置"长期投资减值准备"科目，主要用来核算企业提取的长期投资减值准备。期末，企业产期投资预计可收回金额低于其账面价值的差额，贷记本科目。若已计提减值准备的长期投资价值又得以恢复，应在已计提的减值准备范围内转回，借记本科目。本科目的期末贷方余额反映已提取的长期投资减值准备。

1. 长期投资的核算

长期投资的核算分为三大部分：一是长期股权投资的核算；二是长期债券投资的核算；三是长期投资减值准备的核算。

长期股权投资主要包括长期股权投资成本的核算、长期股权投资核算方法的选择、长期股权投资核算的成本法和长期股权投资的权益法。

2. 长期投资的会计核算

以债转股的方式取得的产期股权投资，以实际债转股应收债权的账面价值，作为初始投资的成本：

（1）企业认购股票付款时，会计分录为：

借：长期股权投资——股票投资（包括支付的税金、手续费等费用）

　　贷：银行存款（或有关科目）

认购股票时，实际支付的价款中包含已宣告但尚未领取的现金股利时，会计分录为：

借：长期股权投资——股票投资

应收股利

　　贷：银行存款（或有关科目）

（2）被投资单位宣告发放现金股利或利润时，会计分录为：

借：应收股利（属于本企业享有的部分）

　　贷：投资收益（或长期股权投资）

实际收到现金股利或利润时，会计分录为：

借：银行存款（或有关科目）

　　贷：应收股利

若被投资单位发生年度亏损，则会计分录相反。

被投资单位宣告分派现金股利或利润时，会计分录为：

借：应收股利

　　贷：长期股权投资——股票投资或其他股权投资——损益调整

实际收到被投资单位分来的现金股利或利润时，则会计分录为：

借：银行存款（或有关科目）

　　贷：应收股利

在被投资单位增资扩股，按投资份额作相应调整，会计分录为：

借：长期股权投资——股票投资或其他股权投资——股权投资准备

　　贷：资本公积——股权投资准备

被投资单位接收捐赠，按照投资份额作相应调整，会计分录为：

借：长期股权投资——股票投资或其他股权投资——股权投资准备

　　贷：资本公积——股权投资准备

（3）溢价购入到期一次还本利息的长期债券时，会计分录为：

借：长期债权投资——债券投资——面值（债券面值）

　　　　　　　　——债券投资——溢折价（溢价）

　　　　　　　　——债券投资——应计利息（债券中包含的利息）

　　贷：银行存款（或有关科目）

摊销溢价部分与每期计提应计利息同时进行，会计分录为：

借：长期债权投资——债券投资——应计利息

　　贷：长期债权投资——债券投资——溢折价（每期摊销溢价）

　　　　投资收益

折价购入一次还本付息的长期债券时，会计分录为：

借：长期债权投资——债券投资——面值

　　　　　　　　——债券投资——应计利息（债券中包含的利息）

　　贷：银行存款（或有关科目）

　　　　长期债权投资——债券投资——溢折价

（4）在资产负债表中，长期投资项目应当按照减去长期投资减值准备之后的净额进行反映。期末，企业按长期投资预计可收回金额低于其账面价值的差额计提减值准备，会计分录为：

借：投资收益——集体的长期投资减值准备

　　贷：长期投资减值准备

已计提减值准备的长期投资又恢复价值，转回的会计分录为：

借：长期投资减值准备

　　贷：投资收益——计提的长期投资减值准备

第五章 金融租赁公司业务的会计核算

第一节 金融租赁公司主要业务概述

本节关键词：

金融租赁、金融租赁公司、融资租赁、经营租赁

本节内容提要：

（1）了解金融租赁公司的业务概述。

（2）熟悉金融租赁公司的种类。

（3）了解融资租赁和金融租赁的不同点。

（4）掌握融资租赁租金的计算方法。

融资租赁是进行资源传导和资本形态转化的有效机制。融资租赁凭借自己的优势，在国际上迅速发展。

一、金融租赁公司的业务概述

金融租赁公司指的是经中国银行业监督管理委员会批准，以经营融资租赁业务为主的非银行金融机构，金融租赁公司是租赁设备的物主，向承租人

收取租金，租赁公司必须依法接受中国人民银行的监督管理。

由于不同国家对于金融租赁的定义有所不同，国际会计标准委员会所制定的《国际会计标准 17》中对金融租赁做出这样的定义："金融租赁是指出租人在实质上将属于资产所有权上的一切风险和报酬转移给承租人的一种租赁。至于所有权的名义，最终时可以转移也可以不转移。"

金融租赁公司的业务范围主要包括：

（1）直接租赁、回租、转租赁、委托租赁等融资性租赁业务。

（2）经营性租赁业务。

（3）接受法人或机构委托租赁资金。

（4）接受有关租赁当事人的租赁保证金。

（5）向承租人提供租赁项下的流动资金贷款。

（6）有价证券投资、金融机构股权投资。

（7）经中国人民银行批准发行金融债券。

（8）向金融机构借款。

（9）向外汇借款。

（10）同业拆借业务。

（11）租赁物品残值变卖及处理业务。

（12）经济咨询和担保。

（13）经中国人民银行批准的其他业务。

二、金融租赁公司的种类

（1）根据租赁公司的性质归类，把金融租赁公司分为融资租赁和经营租赁。

融资租赁是指实质上转移与资产所有权有关的全部或绝大部分风险和报酬的租赁。所有权分两种情况：可能转移和可能不转移。

经营租赁是指除融资租赁以外的其他租赁，属于服务性租赁。

（2）根据租赁的形式归类，可以把金融租赁分为自营租赁、转租赁、回租赁、合办租赁等。

自营租赁：又称直接租赁，是由出租人筹集资金，购进承租方的设备后，再租给承租方使用的一种租赁方式。承租人主要负责租赁设备的安装、维修和保养等工作。

转租赁：也称再租赁，是租赁公司先以承租人的身份租入用户设备，再以出租人的身份把设备租给用户使用。这种方式需要签两次合同，如果是从国外租入的急需的设备，那么用户支付的租金比直接租赁的租金要高。

回租赁：又称售后回租，是承租方把自己拥有的设备卖给出租方，获取的资金用于其他方面，然后再将设备租回使用。这种方式通常是企业需要使用的原有的设备，同时又可以周转资金。

合办租赁：是租赁机构与设备制造商或其他机构共同承办某一项设备的租赁业务。各方按各自的垫资比例拥有租赁物品的所有权和承担租赁费，一起承担责任。

三、融资租赁和经营租赁的不同点

通常在会计准则中除了融资租赁的租赁都属于经营租赁。经营租赁和融资租赁有许多不同之处，表现在如下几点：

（1）在租约的可否撤销条款上不同。在经营租赁中，承租人有权在租赁期满前就撤销租赁契约，而融资租赁的契约通常不能撤销。

（2）租赁期不同。因为经营租赁目的是获取资产的使用权，并不是最终资产，因此，租赁期间短，比资产的有效寿命短；而融资租赁的期限比较长，甚至长于资产的有效经济寿命。

（3）租金总额是否接近于租赁资产的公允价值。经营租赁的租金总额所占比例小，属于非全额清偿，而融资租赁类似于购买，所以租金总额接近或者等于租赁资产的公平市价。

（4）履行成本的承担者不同。承担人不需要承担经营租赁中与租赁资产有关的税金、保险费和修理费，出租人可能通过提高租金的方式把这些费用转嫁给承租人。

（5）判断方法不同。融资租赁资产属于专业租赁公司购买，然后租赁给有需要使用的企业；而经营租赁只是转移了该项资产的使用权，仍然属于出租方。

（6）作用不同。融资租赁的方式可以使企业缩短项目建设期限，减少风险；而经营租赁方式能使企业有选择地租赁该企业需要但不想挪用的资产项目。

四、融资租赁租金的计算方法

不考虑货币时间价值的方法，主要分为平均式计算法和等额支付本金法。

按照租金平均计算每期付租金额，计算公式为：

租金总额＝设备成本＋利息＋手续费

每期应付租金＝租金总额/还租次数

等额支付本金法，是把租赁成本除以期数，作为每期应归还的本金。每期应付利息以前期的本金余额为基数计算。

第二节　金融租赁公司经营租赁业务的会计核算

本节关键词：

经营租赁、服务性租赁、经营租赁会计核算

本节内容提要：

（1）了解经营租赁的认定标准。

（2）熟悉金融租赁公司经济租赁的特点和经济租赁的会计核算原则和会计科目的设置。

（3）掌握出租人对经济租赁会计处理主要涉及的几个问题。

我国的融资租赁业起源于 1984 年，租赁公司最早的形式是中外合资，其原始动机是引进外资。1981~1997 年经中国人民银行批准的金融租赁公司有 16 家。在此，主要讲述金融租赁公司经营业务的会计核算。

一、经营租赁的认定标准

经营租赁，是指除融资租赁以外的其他租赁，属于服务性租赁。一般情况下，在经营租赁中，租赁资产的所有权不会转移，在租赁期满后，承租人有退租或者续租的选择权，而不存在优惠购买选择权。

经营租赁和融资租赁不同，经营租赁的目的并非融通资金，而是帮助承租人提供急需的机器设备，同时解决资金短缺问题，并向承租人收取资金。所以，经营租赁的设备比较通用，方便找到下一个承租人。在此过程中，租期时间较短，不会超过一年。出租人要负责设备的清理和保养，便于承租人使用。因此，在租赁款中不仅包括租赁机械设备的折旧费、利息，还包括修理费、保险费等。

二、金融租赁公司经营租赁的特点

金融租赁公司经营租赁的特点是租期短。由于经营租赁的租期一般比较短，因此，出租者靠一次租赁活动获得的租金收入无法完全收回对租赁物的投资并赚取合理的利润。出租方要负责租赁物的维修和保养。在经营租赁中，出租方负责租赁物的维修和保养，所产生的费用可在租金中计算，也可以分次单独计算。在租赁合同中一般包括取消条款，承租方可以在合同到期前提前结束与出租方的租赁关系，将租赁设备退还出租方。

三、经营租赁会计的核算原则

在经营租赁过程中，对承租人和出租人的会计处理规定原则为：

（1）在经营租赁中，承租方是为了满足经营上的短暂需要而租入设备，不涉及主资产所有权上的风险和报酬转移问题，也没有购置租赁资产的特殊权利。因此，承租人租入资产不能作为本企业的资产计价入账，也无折扣。所付租金在租赁期限内均衡地计入费用即可。

（2）出租方在租赁过程中，经营租赁用的资产不能和自用的固定资产混淆，应单独进行核算；租赁用固定资产的折旧费、维修费应比照自用的固定资产折旧、修理的会计方法处理；经营租赁用固定资产的折旧应单独核算，但经营租赁资产的修理费在"营业费用"科目中设置明细科目核算。

四、会计科目的设置

金融租赁公司应设置"长期应收款"科目，属于资产类科目，主要用来核算企业的长期应收款项，包括经营租赁产生的应收款项。

金融租赁公司应设置"经营租赁"科目，属于资产类科目，主要用来核算企业为经营租赁构建的资产的实际成本，其中包括租赁资产的价款、贸易手续费、银行手续费、运输费、运输保险费、仓储保管费、财产保险费、增值税和其他税款以及租前借款费用等。若从境外购入租赁资产，那就包括境外运输费、境外运输保险费和进口关税。

金融租赁公司应设置"累计折旧"科目，属于资产类科目，主要用来核算企业采用的经营租赁方式租出资产的累计折旧。

金融租赁公司应设置"租赁收入"科目，属于损益类科目，主要用来核算企业确认的租赁收入。

五、出租人对经营租赁会计处理主要涉及的问题

出租人对经营租赁会计处理主要涉及如下几个问题：

（1）经营租赁资产在会计报表中的处理。在经营租赁中，与资产所有权有关的风险和报酬主要归属出租方，所以出租方应作为自身拥有的资产在资

产负债表中显示。若出租资产属于固定资产，则列在资产负债表的固定资产中；若属于流动资产，则应在资产负债表的有关流动资产项目中。

（2）租金和初始直接费用的会计处理。出租方确认的租金收入，应借记"银行存款"、"应收经营租赁款"等科目，贷记"主营业务收入——租金收入"等科目。但是，情况不同，记录的方式也不同，若出租方式非专业从事租赁业务的企业，那确认的经营租赁收入，应借记"银行存款"、"其他应收款"等科目，贷记"其他业务收入——经营租赁收入"科目。初始直接费用，视为当期费用，借记"管理费用"、"待摊费用"等科目，贷记"银行存款"等科目。

（3）租赁资产折旧的计提。对于经营租赁资产中的固定资产，应采用出租人对相似应折旧资产通常所采用的折旧政策计提折旧；而对于其他经营租赁资产，则应采用合理的方法进行摊销。

（4）或有租金的会计处理。在经营租赁下，当租金实际发生时视为当期收益。账务处理为：借记"应收账款"、"其他应收款"、"银行存款"等科目，贷记"主营业务收入——租金收入"、"其他业务收入——经营租赁收入"等科目。

（5）相关会计信息的披露。若租出资产已经计提折旧，或者发生了减值情况，应该披露原价扣除已计提的折旧或已确认的减值后的净值。若租出资产已进行了摊销，则应披露摊销价值。

第三节　金融租赁公司融资租赁业务的会计核算

本节关键词：

融资租赁、融资租赁会计科目、融资租赁会计核算

本节内容提要：

（1）了解融资租赁的认定标准及其概念。

（2）熟悉融资租赁业务的处理程序和其会计科目。

（3）掌握融资租赁业务的核算内容和会计处理问题。

《企业会计准则第 21 号——租赁》对租赁业务进行会计处理，不过在融资租赁业务账务处理中仍有不足之处。本节讲述融资租赁业务的会计核算。

一、融资租赁的核算

1. 融资租赁的认定标准

承租人和出租人应该在租赁开始时把租赁归类为融资租赁和经营租赁。租赁开始日是指租赁协议日与租赁各方针对主要租赁条款作出承诺日中的较早者。融资租赁要达到以下几个标准：

（1）在租赁期届满时，租赁资产的所有权转移给承租人。

（2）承租人有购买租赁资产的选择权，所订立的购买款项预计将远低于行使选择权时租赁资产的公允价值，因而在租赁开始日就可以合理确定承租人将会行使这种选择权。

（3）尽管资产的所有权不转移，但租赁期占租赁资产使用寿命的大部分。如果租赁资产在开始租赁前的使用年限已经超过全新时可使用年限的大部分，那么，这项标准就不适用。

（4）针对承租人来说，租赁开始日最低租赁付款额的现值如同租赁开始日租赁资产公允价值。针对出租人来说，租赁开始日最低租赁收款额的现值几乎相当于租赁开始日租赁资产公允价值的 90% 以上。

（5）租赁资产性质特殊，如果不做大的改造，只有承租人才可以使用。

2. 融资租赁的几个概念

（1）担保余额。针对承租人来说，指的是由承租人或与承租人有关的第三方担保的资产余额；针对出租人来说，则是指对承租人的担保余额加上独立于承租人和出租人的第三方担保的资产余值。在此，资产余额指的是租赁开始日估计的租赁期届满时租赁资产的公允价值。

（2）未担保余值指的是从租赁资产余值中扣除就出租人而言的担保余值

以后的资产余额。未担保余值表明没有人担保，是由出租人自己负担的那部分余值，而那部分能不能收回，则有一定的风险性。

（3）最低租赁付款额和最低租赁收款额。最低租赁付款额，指的是在租赁期内，承租人应支付或可能被要求支付的各种款项，包括由承租人或与其有关的第三方担保的资产余值。

（4）起租也称结算。起租不需要马上还租，从起租到确认还租，还有很长一段时间。出租人和承租人支付的所有费用可以确定的时日，叫作起租日。不同租赁公司对于起租日选择的方法也不尽相同。《企业会计准则——租赁》中这样规定："企业应当将起租日作为租赁开始日。"

（5）租赁投资净额。租赁投资净额是指融资租赁中最低租赁收款额与未担保余值的和与未实现融资收益之间的差额。

3. 融资租赁业务的处理程序

（1）选择租赁设备。

（2）申请租赁，填交"租赁申请书"。

（3）租赁谈判。

（4）签订合同。

（5）购进并出租设备。

（6）收取租金。

（7）处理设备。

二、融资租赁的会计科目

金融租赁公司应设置"融资租赁资产"科目，属于资产类科目，主要用来核算企业为开展融资租赁业务取得资产的成本。可以按照承租人、租赁资产类别和项目进行明细核算。该科目期末借方余额，反映企业融资租赁资产的成本。

金融租赁公司应设置"长期应收款"科目，属于资产类科目，主要用来核算企业的长期应收款项，包括融资租赁产生的应收款项。可按债务人进行明细核算。该科目的期末借方余额，反映企业尚未收回的长期应收款。

金融租赁公司应设置"未担保余值"科目，属于资产类科目，主要用来核算企业为开展融资租赁业务取得资产的成本。可以按照承租人、租赁资产类别和项目进行明细核算。该科目期末借方余额，反映企业融资租赁资产的成本。

金融租赁公司应设置"未实现融资收益"科目，属于资产类科目，主要用来核算企业分期计入租赁收入或利息收入的未实现融资收益。可按未实现融资收益项目进行明细核算，该科目期末贷方余额，反映企业尚未转入当期收益的未实现融资。金融租赁公司应设置"未实现融资收益"科目，属于资产类科目。

金融租赁公司应设置"租赁收入"科目，属于损益类科目，主要用来核算企业确认的租赁收入。可按租赁资产类别进行明细核算。期末，应将本科目余额转入"本年利润"科目，结转后本科目无余额。

三、融资租赁业务的核算内容和会计处理问题

1. 融资租赁业务的核算内容

（1）在租赁开始日，出租人要把最低租赁收款额作为应收融资租赁款的入账价值，并记录未担保余额。

（2）费用和收入的确认。

（3）坏账准备的计提。

（4）未担保余值检查。

（5）或有租金的确认和流转税的计算和交纳。

2. 融资租赁业务的会计处理

出租人对融资租赁的会计处理有如下几个问题：

（1）租赁开始日的会计处理。在租赁开始日，出租人应按最低租赁收款额，借记"应收融资租赁款"科目，按未担保余值的金额，借记"未担保余额"科目，按租赁资产的原账面价值，贷记"融资租赁资产"科目，按上述

科目计算后的差额，贷记"未实现融资收益"科目。

（2）初始直接费用的会计处理。出租人发生的初始直接费用通常包括印花税、佣金、律师费、谈判费等，这些初始直接费用可以视为当期费用。借记"管理费用"科目，贷记"银行存款"、"现金"等。

（3）未实现融资收益的分配。出租人每期会收到本金和利息。出租人在收到租金时，按租金金额，借记"银行存款"科目，贷记"应收融资租赁款"科目。在每期确认融资收入时，借记"递延收益——未实现融资收益"科目，贷记"主营业务收入——融资收入"科目。

（4）未担保余值发生变动时的会计处理。因为未担保余值的金额可以决定租赁内含利率的大小，因此决定着未实现融资收益的分配。在未担保余额发生变动时，应当重新计算租赁内含的利率。

（5）或有租金的会计处理。或有租金应当在实际发生时视为当期收入。其账务处理为：借记"应收账款"、"银行存款"等科目，贷记"主营业务收入——融资收入"等科目。

（6）租赁期届满时的会计处理。租赁期届满时出租人应区别情况后进行会计处理。

（7）相关会计信息的披露。根据《企业会计准则——租赁》中的规定，出租人应当在财务会计报告中披露与融资租赁有关的事项。租赁公司必须严格依照规定向中国人民银行报送资产负债表、损益表和业务比例报表和书面报告，租赁公司法定代表人及经办人员应对所提供的财务会计报告的真实性承担法律责任。

第六章 证券公司业务的会计核算

第一节 证券公司的主要业务和资产类别

本节关键词：

证券公司、业务种类、资产分类

本节内容提要：

（1）了解设立证券公司的基本条件。

（2）了解证券公司的业务种类。

（3）了解证券公司的资产类别。

证券公司是指依照《中华人民共和国公司法》和《中华人民共和国证券法》的规定，由承销发行人向社会发行证券，专门经营证券业务，进行证券买卖交易的金融机构。

各个国家对于证券市场的管理和要求各不相同，因此证券公司的设立大体可分为两类，即审批制和注册制。

审批制是国家证券监督管理机构对证券公司规定的一系列要求，并由证券机构的主管部门审核通过后才可以设立。

注册制是指国家证券监督管理机构只要求设立证券公司的申请人依法提供全面、真实、可靠的资料，没有实质性的限制条件，凡符合证券公司设立基本条件者，通过向证券主管部门登记注册，即可申请经营证券业务。

《中华人民共和国证券法》规定，设立证券公司必须经过国务院证券监督管理机构批准，未经批准任何单位和个人不得经营证券业务。

1. 设立证券公司的基本条件

（1）具有符合法律、行政法规规定的公司章程。

（2）主要股东具有持续经营能力，信誉良好，最近三年无重大违法违规记录，净资产不低于人民币2亿元。

（3）具有符合证券法规定的注册资本。

（4）董事、监事、高级管理人员具备任职资格，从业人员具备证券从业资格。

（5）具有完善的风险管理与内部控制制度。

（6）具有合格的经营场所和业务设施。

（7）法律、行政法规规定和经国务院批准的国务院证券监督管理机构规定的全体条件。

2. 证券公司业务种类

根据《中华人民共和国证券法》规定，国家对证券公司实行分类管理，将证券公司分为综合类和经济类两大部分。综合类证券公司的业务主要包括证券经纪业务、证券自营业务、证券承销业务和国务院证券监督管理机构核定的其他证券业务；经济类证券公司只允许专门从事证券经济业务。

证券经纪业务是指证券公司为投资者提供买卖证券的活动，包括代理买卖证券业务、代理兑付证券业务和代理保管证券业务。

证券自营业务是指证券公司以自己的名义，用公司的资金买卖证券以达到获利目的的证券业务。主要业务包括买入证券和卖出证券。

证券承销业务是指在证券发行过程中，证券公司接受发行人的委托，代理发行人发行证券的活动。

其他证券业务是指证券公司批准在国家许可的范围内进行的除经济、自营和承销业务以外的如买入返售证券、卖出回购证券及受托管资产管理与证券业务有关的业务。

3. 证券业务的核算特点

证券业务经营机构虽然是金融企业的一部分，但证券业务的内容和商业银行、保险公司等其他金融机构的内容并不相同，各金融机构各司其职。因此，证券业务的会计核算自然与其他金融机构的会计核算不尽相同，证券业务核算的特点有以下几个：

（1）业务的针对性强。证券公司所从事的业务从性质上进行归类，可以分为三大部分。这三大部分的业务性质、经营范围和涉及的对象都不同，故而使用的会计科目和账务处理不仅有区别，也有密不可分的联系，有的科目甚至借贷方向相反。例如"清算备付金"科目，对证券公司而言属于资产类，但对证券中介机构和证券服务机构来讲属于负债类。

证券公司的业务包括：①以证券公司为主体，包括各类投资信托公司及非银行金融机构所属证券部等证券经营机构；②以证券交易为主体，包括各地证券交易中心等证券服务机构；③证券登记公司、登记结算公司和投资咨询公司等证券服务机构。

（2）价值变动频繁。所有的证券都是证券公司的流动资产，主要价值由表内会计科目所体现，而表外科目主要负责数量的核算工作。各种证券的真正价值体现在市价上，而非账面上。因此，针对证券这种价格波动频繁的金融商品而言，能否及时、准确地反映出证券机构的真实经营情况，才是重中之重。

（3）清算关系复杂。金融市场中的证券买卖交易和商品市场的交易原则类似，但交易对象却不同，因此证券交易买卖中缺乏商品买卖地位的稳定性。证券交易中的经营机构和投资者的地位不稳定，短时间内买进和卖出，致使他们经常充当应收证券者，无论是给资金还是证券，清算关系复杂，难度加大。证券买卖一旦成交后，从卖家角度分析，交易所证券是应收证券，应付价款；而投资者对证券商是应付证券，应收价款。但从买家的立场来分析，却恰恰相反。所以，会计核算工作必须明确对象。

4. 证券公司的资产类别

对证券公司的资产进行分类，可以分为固定资产、非固定资产。

（1）固定资产。按经济用途分类，可以分为经营用固定资产和非经营用固定资产。经营用固定资产是指直接用于证券公司经营过程的各种固定资产。如经营用的房屋、建筑物、电脑设备等。

非经营用固定资产是指间接用于经营过程的固定资产。如职工宿舍、餐厅、浴室等使用的房屋、设备和其他固定资产。

按所有权分类，可以分为自有固定资产和租入固定资产。

自有固定资产是指证券公司已经拥有，可供长期使用的固定资产。

租入固定资产是指证券公司用支付租金方式获取的固定资产，其所有权归属出租单位。租入的固定资产可分为经营性租入固定资产、融资租入固定资产两大类。按使用情况分类可以分为使用中固定资产、未使用固定资产和不需用固定资产。

使用中固定资产是指正在使用中的经营性固定资产和非经营性固定资产。因大修理等原因而暂时停用的固定资产仍属于使用中的固定资产。

未使用固定资产是指已完工或已购建的还没交付使用的新增固定资产以及因进行改建、扩建等原因而暂停使用的固定资产。

不需用固定资产是指证券公司不经常使用，需要调节处理的各类固定资产。

（2）非固定资产。非固定资产，顾名思义除了固定资产以外的资产。

第二节　证券公司自营证券业务的会计核算

本节关键词：

自营业务、核算

本节内容提要：

（1）了解证券自营业务。

（2）了解自营业务的核算。

《中华人民共和国证券法》规定综合类证券公司可以从事证券自营业务。

一、证券自营业务的概述

证券公司的自营证券业务指的是经过中国证监会批准，证券公司使用自己持有的资金或者以自己的名义买卖的证券，以此来获得利润，证券公司同时要承担各类综合业务的交易风险。

自营证券业务按经营方式分类，可以分为柜台交易和场内交易。

柜台交易是证券商与投资人之间进行直接的证券交易活动。证券的买卖价格由证券商在权衡影响证券买卖的各种因素后自行确定。每次成交的数量较小，但交易次数频繁，工作量较大，是证券营业柜台的主要营业方式。

场内交易是指证券商通过场内交易员在证券交易所内进行的证券交易活动。其交易价格随市场行情变化，证券商不直接与客户发生联系，而且成交量较大，这是证券商调节证券库存量的主要经营方式。

二、自营购入证券的分类

根据《企业会计准则》的相关规定：金融资产主要包括库存现金、应收账款、应收票据、贷款、其他应收款、应收利息、债券投资、股权投资、基金投资、衍生金融资产等。

三、会计科目的设置

证券公司进行自营证券业务买进和卖出业务，应设置"交易性金融资产"、"可供出售金融资产"、"资产减值损失"等科目进行核算。

"交易性金融资产"主要用来核算证券公司持有的以交易为目的的债券投资、股票投资、基金投资、权证投资等交易性金融资产的公允价值。该科目借方登记取得交易性金融资产的成本和公允价值的有利变动；贷方登记出售交易性金融资产时结转的成本以及公允价值的不利变动；期末借方余额反映证券公司持有的交易性金融资产的公允价值。

"可供出售金融资产"科目，应该依据交易性金融资产的类别，分为"成本"、"公允价值变动"项目进行明细核算。本科目主要核算证券公司持有的可供出售金融资产的公允价值，包括划分可供出售的股票投资、债券投资等金融资产。贷方登记出售可供出售金融资产时结转的成本和公允价值的不利变动。

"资产减值"科目，主要用来核算证券公司根据资产减值等准则计提各项资产减值准备所形成的损失。证券公司根据资产减值等准则确定资产发生减值的，应按减记的金融，借记"资产减值损失"科目，贷记相关资产的备抵账户或相关资产的减值准备明细账户。相关资产的价值得以恢复后，应在原已计提的减值准备金额内，按恢复增加的金额，作相反的会计分录。期末，应将"资产减值损失"科目余额转入"本年利润"科目，结束后"资产减值损失"科目无余额。

四、自营业务的核算

1. 买入时划分为交易性金融资产的核算

按照《企业会计准则第 22 号——金融工具确认和计量》的规定，金融资产符合下列条件时，可以归为交易性金融资产：

（1）以取得该金融资产或承担该金融职责为目的，主要是为了近期内出售或回购。

（2）属于集中管理的可辨认金融工具组合的一部分，并且有客观证据表明企业近期采用短期获利方式对该组合进行管理。

（3）属于衍生工具，但是被指定且为有效套期工具、属于财务担保合同的衍生工具、与在活跃市场中没有报价且其公允价值不能可靠计量的权益工具投资挂钩并需通过交付该权益工具结算的衍生工具除外。

1）证券公司进行自营证券的买卖，需要通过清算代理机构进行清算。公司把自有资金存入清算代理机构时，按实际存入金额入账。会计分录为：

借：结算备付金——公司

贷：银行存款

如果把资金从清算机构收回，则会计分录相反。

2）证券公司取得交易性金融资产，在起初确认时，依照公允价值入账，发生的相关交易费用，直接计入当期损益。在支付的价款中，若存在已经宣告却没有发放的现金股利或已经到付息期但还未领取的利息时，作为应收股利或应收利息反映。依据实际支付的金额，减少结算备付金的余额。会计分录为：

借：交易性金融资产——投资收益

应收股利或应收利息

贷：结算备付金

3）证券公司收到属于取得交易性金融资产支付价款中包含的已经宣告发放的资金股利或债券利息时，会计分录为：

借：结算备付金——公司

贷：应收股利或应收利息

2. 买入时划分为可供出售金融资产的结算

（1）证券公司在收到可供出售金融资产支付价款中所含有的已宣告发放的现金股利或债券利息时，会计分录为：

借：结算备付金——自有

贷：应收股利或应收利息

（2）证券公司在持有可供出售权益工具时，被投资单位宣告发放的现金股利时，证券公司按应拥有的金额，会计分录为：

借：应收股利

贷：投资收益

3. 自营卖出证券的核算

处置交易性金融资产时，把公允价值和账面余额的差额视为投资收益，同时将原计入交易性金融资产的公允价值变动转出，计入投资损益。会计分录为：

借：结算备付金——自有

贷：投资收益

第三节 证券经纪业务的会计核算

本节关键词：

资金专户、代理买卖

本节内容提要：

（1）了解资金专户的核算。

（2）了解代理买卖的核算。

证券经纪业务是证券公司为投资者进行证券买卖的活动。

证券经纪业务主要包括：代理买卖证券、代理兑付债券和代理保管证券。

在证券经纪业务中，证券公司不仅不赚差价，不垫付资金，业务的收入主要来源于收取的佣金。

一、会计科目的设置

证券公司应设置"代理买卖证券款"科目，主要用来核算证券公司接受客户委托，为其进行买卖股票、债券和其他有价证券的款项。公司代理客户认购新股的款项、代理客户领取的现金股利和债券利息，代理客户向证券交易所支付的配股款等。

证券公司应设置"代理兑付债券"科目，主要用来核算证券公司代理国家或企业兑付到期的债券。借方登记已兑付的各类到期债券以及因委托单位未拨付或者拨付不足的债券兑付资金，向委托单位交付已兑付的债券并收回垫付的资金；余额表示已接受委托但未兑付的债券。

证券公司应设置"代理兑付债券款"科目，主要用来核算证券公司代理国家或企业等单位兑付债券业务而收到委托单位预付的兑付债券资金。贷方登记收到委托单位的兑付资金，借方登记代理兑付的资金，余额表示应付但尚未兑付的债券本息款。

证券公司应设置"代保管证券业务"科目，主要用来核算公司代理客户买卖证券收到的款项，必须全额存入指定的商业银行，并在"银行存款"科目中单设明细科目进行核算，不能与本公司的存款混淆。公司在收到代理客户买卖证券款项的同时应当确认为一项负债，与客户进行结算。

二、资金专户的核算

证券公司代理客户进行证券买卖，投资者把款项交存证券公司，公司要设立专门的资金专户，明确区分公司自有资金和客户交存的款项，禁止随意使用客户交存的款项。

（1）客户开设资金专户并交来款项和日常存款时，会计分录为：

借：银行存款

　　贷：代买卖证券款

客户取款时，会计分录则相反。

（2）客户存款要支付利息，固定时间内结算一次利息，按银行规定，每季度结算一次。按季度计提客户存款利息的会计分录为：

借：应付款项

　　贷：银行存款

（3）客户资金专户统一结息时，会计分录为：

借：应付款项——应付客户资金利息（已提利息部分）

　　利息支出（未提利息部分）

　　贷：代买卖证券款

（4）证券公司在证券交易所给客户开设清算资金专户时，会计分录为：

借：清算备付金

　　贷：银行存款

三、代理买卖证券

（1）证券公司接受客户委托给客户代理买卖证券，在和客户进行清算时，若买入证券成交总额大于卖出证券成交总额，会计分录为：

借：代买卖证券款

　　手续费支出——代买卖证券手续费支出

　　贷：清算备付金

　　　　手续费及佣金收入——代买卖证券手续费收入

（2）证券公司接受客户委托给客户代理买卖证券，在和客户进行清算时，若卖出证券成交总额大于买入证券成交总额的，会计分录为：

借：清算备付金

　　手续费支出——代买卖证券手续费支出

　　贷：代买卖证券款（买卖证券成交价的差额减去代扣代交的相关税费和应向客户收取的佣金等）

　　　　手续费收入——代买卖证券手续费收入

（3）证券公司代理客户认购新股。

1）公司代理客户认购新股，在接收客户认购款时，会计分录为：

借：银行存款

　　贷：代买卖证券款

2）在客户办理申购手续，按自己实际支付的金额记账。会计分录为：

借：代买卖证券款

　　贷：清算备付金——客户

3）证券交易所完成中签认定工作，将未中签资金退给客户，会计分录为：

借：清算备付金——客户

　　贷：代买卖证券款

4) 公司将未中签的款项划回，会计分录为：

借：银行存款

　　贷：清算备付金——客户

5) 公司将未中签的款项退给客户，会计分录为：

借：代买卖证券款

　　贷：银行存款

6) 收到证券交易所转来的发行公司支付的发行手续费，会计分录为：

借：结算备付金——自有

　　贷：手续费及佣金收入

（4）公司代理客户办理配股。

1) 当日向证券交易所交纳配股款的，当客户提出配股要求时，会计分录为：

借：代买卖证券款

　　贷：结算备付金——客户

2) 定期向证券交易所交纳股款的，在客户提出配股要求时，会计分录为：

借：代买卖证券款

　　贷：其他应付款——应付客户配股款

3) 公司规定统一结息时，会计分录为：

借：利息支出

　　贷：代买卖证券款

4) 收到证券交易所转来的发行公司支付的配股费用，会计分录为：

借：结算备付金——自有

　　贷：手续费及佣金收入

（5）代理兑付债券。

证券公司受到委托代国家或企业兑付到期的无记名债券。

证券公司收到委托单位的兑付资金时，会计分录为：

借：银行存款

　　贷：代理兑付债券款

证券公司收到客户交付的实物券时，按兑付金额记账，会计分录为：

借：代理兑付债券

    贷：银行存款

证券公司向委托单位交还已经兑付过的实物券，会计分录为：

借：代理兑付债券款

    贷：代理兑付债券

若证券公司给委托企业垫付尚未拨付的兑付资金，在收到兑付债券时，按兑付金额记账。会计分录为：

借：代理兑付债券

    贷：银行存款

证券公司向委托企业交还已经兑付的债券，同时把垫付的资金收回来时，会计分录为：

借：银行存款

    贷：代理兑付债券

证券公司在收到兑付手续费收入时，会计分录为：

借：银行存款

    贷：手续费及佣金收入

（6）其他相关业务。

1）当证券公司收到手续费与兑付现金时，会计分录为：

借：银行存款

    贷：代理兑付证券款

其他应付款——预收代理兑付证券手续费

2）兑付证券业务完成后，确认手续费收入，会计分录为：

借：其他应付款——预收代理兑付证券手续费

    贷：手续费及佣金支出

第四节　证券承销业务的会计核算

本节关键词：

承销业务、代销方式

本节内容提要：

（1）了解证券承销业务的核算。

（2）了解全额承销包销业务。

（3）了解余额包销承销业务。

（4）了解代销方式承销。

证券承销业务指的是一级市场接受发行单位的委托，代其办理各类证券业务。例如，国家发售国库券、国家重点建设债券，代企业发行的集资债券、股票和基金等。

证券承销业务的方式主要包括全额包销方式承销、余额包销方式承销和代销方式承销。

一、会计科目的设置

证券公司应设置"代发行证券"资产类科目，主要用来核算证券经营机构接收国家或企业的委托代理发行的有价证券。借方登记收到发行人委托发行的证券时，在承销包销方式下的承销价，或者在代销方式下约定价格或面值。贷方登记在承销报销方式下证券发售时或结转代发行证券成本和发行结束后将未售证券全额转至自营证券，以及在代销方式下登记已售证券及退还委托方的未出售证券。余额表示未发售证券额，但发行结束后，该账户无余额。

证券公司应设置"代发行证券款"负债类科目，主要用来核算证券经营机构采用代销方式或余额承购包销方式，接受委托代理国家或企业发行证券的应付证券资金。借方登记证券经营机构向委托方支付代发行的证券款项。贷方登记证券经营机构受委托代理发行证券时的认购款项。余额表示在代理发行期间尚未委托单位支付的代发行证券的认购款项，但发行期结束付清款项后该账户无余额。

证券公司应设置"证券发行"损益类科目，主要用来核算证券经营机构采用全额承购包销方式代理发行证券，在发行期内的销售收入、销售成本及差价收入。借方登记证券经营机构出售发行证券的发行成本。贷方登记证券经营机构出售代发行证券的收入。期末差价结转"本年利润"账户。

二、证券承销业务的核算

1. 全额包销方式承销

全额包销指的是证券公司与证券发行单位签订合同或协议，由公司按照合同或协议规定的价格从证券发行单位那里全部购买，而且及时把费用支付给证券发行单位，接下来再按照市场价格转卖给广大投资者。

证券公司采用这样的方式，虽然可以保证证券发行单位及时收到所需的资金，但证券公司承担的风险比较大。证券公司承购证券后，可以自主决定所出售的价格，不受发行单位的制约。

证券公司应该把购入的证券看作一项资产，当公司把证券转卖给投资者时，发行的价格即证券发行的收入，按照已经发行证券的承销价格结转代发行证券的成本。在发行期告一段落后，若证券有剩余，则按承购价格作为公司的自营证券或者当作长期投资。

（1）证券公司全部购入证券，并向发行单位付清证券款项，按承购价格记账。会计分录为：

借：代发行证券

　　贷：银行存款

（2）公司将证券转售给投资者，按照发行价记账。会计分录为：

借：银行存款

　　贷：证券发行

（3）证券出售结束，结转已售证券成本。会计分录为：

借：证券发行

　　贷：代发行证券

（4）发行期结束后，把没有售出的证券结转为公司的自营证券或者长期投资，按承购价记账。会计分录为：

借：自营证券（或长期投资）

　　贷：代发行证券款

（5）把代发行证券筹集的款项交予发行单位。会计分录为：

借：代发行证券款——××证券

　　贷：银行存款

2. 余额包销方式承销

余额包销方式承销指的是证券公司和证券发行单位提前签订合同或协议，确立让证券公司代理发行其证券。如果在发行期内没有将所有的证券出售完毕，剩余的证券则由公司购入，并在约定时间给发行单位支付款项。

证券公司采用这种方式，有利于确保发行单位筹集资金的计划顺利完成。缺点是公司要承担部分发行风险。余额包销方式在收到发售的证券后，按照委托方约定的发行价格同时确认为一项资产和一项负债。在发行期告一段落，若有剩余证券，就按照约定的发行价格转为公司的自营证券或长期投资。代发行证券的手续费收入，应该在发行期结束后，与发行单位结算发行价款时确认收入。

（1）证券公司收到委托单位发行的证券时，按约定的发行价格记账。会计分录为：

借：代发行证券

　　贷：代发行证券款

（2）公司在约定的期限内售出证券，按照发行价记账。会计分录为：

借：银行存款

    贷：代发行证券

（3）剩余的证券转为自营证券或者长期投资时，按发行价格记账。会计分录为：

借：自营证券

    贷：代发行证券

        证券销售——代发行证券手续费收入

（4）发行期间结束后，公司所筹集的资金交予委托单位，同时收取手续费。会计分录为：

借：代发行证券款

    贷：银行存款

        证券销售——代发行证券手续费收入

3. 代销方式承销

代销方式指的是证券公司受发行单位委托，在规定的条件和期限内，代理出售证券，在发行期结束后，如果证券没有按照原定发行额出售，没有出售的部分全部退回发行单位。

证券公司采用这种方式，不承担任何发行风险，还要向委托人收取手续费。

代销方式承销应在收到代发行单位发售的证券时，按委托方约定的发行价格同时确认为一项资产和一项负债。

代发行证券的手续费收入，应该在发行期结束后，与发行单位结算发行款时确认收入。

（1）证券公司收到委托单位上交的代发行证券，按照委托方约定的发行价格进行转账。

会计分录为：

借：代发行证券

    贷：代发行证券款

（2）证券公司把证券出售后，按照约定的发行价格记账。会计分录为：

借：银行存款

　　贷：代发行证券

（3）在发行期结束后，把代销证券款交予委托单位，并收取其手续费。手续费有两种收取方式，即从发行证券款中扣除和单独结算。如果从发行证券款中扣去手续费，会计分录为：

借：代发行证券款

　　贷：银行存款

　　　　手续费收入

（4）在发行期结束后，若有剩余证券未出售，可以退回委托单位。会计分录为：

借：代发行证券款

　　贷：代发行证券

第七章 期货公司业务的会计核算

第一节 期货公司的主要业务

本节关键词：

期货公司、商品期货、金融期货

本节内容提要：

（1）了解期货公司的概念、作用和特点。

（2）熟悉商品期货的概念和内容。

（3）了解金融期货的概念和内容。

（4）掌握商品期货和金融期货的不同特点。

期货公司是金融机构不可缺少的一部分，本节主要讲述期货公司的主要业务。

一、期货公司的概述

1. 期货公司的概念

期货公司是依法成立，为客户提供期货交易平台并收取手续费的机构，结果由客户承担。期货公司是投资者和期货交易所之间的中间人，在期货市场具有十分重要的作用，可以拓宽和完善交易所的服务功能。

2. 期货公司的作用

（1）提供具有良好秩序的平台，坚持"公正、公平、公开"三个原则。

（2）提供公开的交易价格，具有统一的交易规则和标准，确保交易有秩序地进行。

（3）提供良好的通信服务。

（4）提供交易担保和履行保证，使交易安全、有保证。

3. 期货交易的特点

（1）合约标准化。期货交易中的条款须提前拟好。

（2）交易集中化。投资者在期货交易所进行交易。

（3）保证金交易。保证金交易即投资者只要具备少量保证金，就可以进行交易。简单而言，以小博大，用少量的金额博取更大的利润。这种模式不仅为投资者增加了盈利机会，更有助于投资者合理控制风险。

（4）双向交易和对冲机制。与证券交易不同，股票只能单向交易，只允许买涨。期货交易不仅可以做多，也可以做空。这种模式下投资者无论在牛市还是在熊市均有获利机会。对冲平仓则是指交易者在期货合约到期前，进行与前期操作反向的交易来结束交易活动，而不必进行交割实物。

（5）T+0 交易模式。即当日开仓的合约，当日就能平仓，操作较灵活，减少交易中的风险，与证券交易不同，证券交易采取 T+1 的交易模式，当日开仓的合约只能在次日卖出。

二、期货公司的业务

期货公司的业务主要分为商品期货和金融期货。

（一）商品期货

1. 商品期货的定义

商品期货是指标的物为实物商品的期货合约。商品期货历史悠久，种类繁多，主要包括农副产品、金属产品、能源产品等几大类。是关于买卖双方在未来某个约定的日期以签约时约定的价格买卖某一数量实物商品的标准化协议。其结算特点是一收一付，先收后付。

2. 商品期货的种类

截至 2014 年 10 月 18 日，经中国证监会的批准，国内可以上市交易的期货商品的种类包括：

（1）上海期货交易所：铜、铝、锌、铅、天然橡胶、燃油、黄金、钢材、白银、螺纹、热卷、线材、热轧卷板、沥青。

（2）大连商品交易所：大豆、豆粕、豆油、塑料、棕榈油、玉米、PVC、焦炭、焦煤、铁矿石、干板、聚丙烯、鸡蛋、胶板、粳稻。

（3）郑州商品交易所：小麦、棉花、白糖、PTA、菜籽油、早籼稻、甲醇、玻璃、菜籽、菜粕、动力煤、锰铁、硅铁。

3. 商品期货的开户条件

个人和法人开户所需提供资料如下：

个人：客户本人的身份证原件、客户本人的银行卡或者存折（外地客户需要提供本人正面数码大头照片、身份证扫描件、银行卡或者存折的复印件，均采用电子版）。

法人：营业执照（正本复印件、副本原件、复印件）、税务登记证（复印件）、组织机构代码证（原件、复印件）机构法定代表人身份证件原件或加盖机构公章、法定代表人名章的《法人授权委托书》及开户代理人的身份证件原件、银行开户许可证，机构授权的指令下单人、资金调拨人、结算单确认人的身份证件原件。

银行卡复印件或者扫描件 1 份，身份证扫描件（电子版）正反面。个人数码大头照（500 万以上像素，整体上身尺寸占整个照片比例）。

4. 商品期货的交易时间

集体竞价：8：55~8：59

撮合：8：59~9：00

连续交易：9：00~10：15（第一小节）

10：50~11：30（第二小节）

13：30~15：00（第三小节）

5. 从事商品期货代理的条件

根据国务院有关规定，凡从事期货代理机构必须经中国证监会严格审核并领取《期货经纪业务许可证》。申请设立期货公司，必须符合《中华人民共和国公司法》的规定，并具备以下条件：

（1）注册资本不少于 3000 万元人民币。

（2）董事、监事、高级管理人员具备任职资格，从业人员具有期货从业资格。

（3）主要股东以及实际控制人具有持续盈利能力，信誉良好，3 年无重大违法违规记录。

（4）有健全的风险管理和内部控制制度。

（5）国务院期货监管机构规定的其他条件。

（6）有符合法律、行政法规规定的公司章程。

（二）金融期货

1. 金融期货的定义

金融期货是指交易双方在金融市场上，以约定的时间和价格，买卖某种金融工具的具有约束力的标准化合约。以金融工具为标的物的期货合约。金融期货作为期货一种，和期货的特点相同，但与商品期货不同的是，其合约标的物并非实物商品，而是传统的金融商品，如证券、货币、利率等。

2. 金融期货的种类

金融期货主要包括货币期货、利率期货和指数期货三大类。

（1）货币期货，又称外汇期货，主要有欧元、英镑、瑞士法郎、加元、澳元、新西兰元、日元、人民币等期货合约。主要交易场所：芝加哥商业交易所国际货币市场分部、中美商品交易所、费城期货交易所等。

（2）利率期货有美国短期国库券期货、美国中期国库券期货、美国长期国库券期货、市政债券、抵押担保有价证券等。主要交易场所：芝加哥期货交易所、芝加哥商业交易所国际货币市场分部、中美商品交易所。

（3）指数期货有标准普尔 500 种股票价格综合指数（S&P 500）、纽约证券交易所股票价格综合指数（NYCE Composite）、主要市场指数（MMI）、价值线综合股票价格平均指数（Value Line Composite Index），还有日本的日经指数（NIKI）、中国香港的恒生指数（香港期货交易所）。

3. 金融期货交易的特点

（1）交易的标的物是金融商品，这种交易对象大多是无形的、虚拟化了的证券，它不包括实际存在的实物商品。

（2）金融期货是标准化合约的交易，作为交易对象的金融商品，其收益率和数量都具有同质性、不交性和标准性，如货市币别、交易金额、清算日期、交易时间等都作了标准化规定，唯一不确定的是成交价格。

（3）金融期货交易采取公开竞价决定买卖价格，它不仅可以形成高效率的交易市场，而且透明度、可信度高。

（4）金融期货交易实行会员制度，非会员要参与金融期货的交易必须通过会员代理。由于直接交易限于会员之同，而会员同时又是结算会员，交纳保证金，因而交易的信用风险较小，安全保障程度较高。

三、商品期货和金融期货的不同

商品期货和金融期货的不同之处主要体现在以下几点：

（1）标的物不同。

（2）清算方式不同。

（3）各合约的到期日不同。

（4）持有成本不同。

（5）投机性能不同。

（6）交易目的和交易制度不同。

第二节　期货公司商品期货业务的会计核算

本节关键词：

商品期货、商品期货会计科目、商品期货会计核算、会计报表

本节内容提要：

（1）了解商品期货的特点。

（2）熟悉商品期货业务会计科目的设置。

（3）掌握商品期货交易的会计核算及合约的会计处理。

期货市场不仅是资本市场的重要组成部分，也是我国经济生活的重要组成部分，因此要及时、清晰地对其业务进行核算，有效反映交易的真实情况。本节主要讲述商品期货业务核算。

一、商品期货的特点

（1）期货合约标准化。合约通常包括交易单位、交易规格、交割月份、交割时期、最后交易日、最后交割日、交割等级和方式、涨跌停板幅度等。

（2）期货交易的买卖对象是期货合约，而不是商品。以交保证金的方式，由期货交易所撮合，能够保证和约双方履约，在期货合约到期前可以反向操作平仓，也可以到期办理交割手续。

（3）以公开、公平竞争的形式进行交易。可以以少量的资金获取较高的利益，但相对而言风险较高。

（4）期货交易主要包括商品期货（农产品、金属、能源期货）和金融期货（外汇、国债、股价指数期货）。

二、商品期货业务会计科目的设置

期货公司应设置"期货保证金"科目，主要用来核算企业向期货交易所或期货经纪机构划出和追加的用于办理期货业务的保证金。

期货公司应设置"期货损益"科目，主要用来核算企业在办理期货业务过程中所发生的手续费、平仓盈亏和会员资格变动损益。

期货公司应设置"应收席位费"科目，主要用来核算企业为取得基本席位之外的席位而交纳的席位占用费。

期货公司应在"其他应付款"科目中设置"质押保证金"明细科目，主要用来核算企业用质押品换取的期货保证金。

期货公司应在"长期投资"科目下设置"期货会员资格投资"明细科目，核算企业为取得会员资格而以交纳会员资格费的形式对期货交易所投资。

三、商品期货交易的会计核算

由于商品期货自身的特性，其属于衍生工具，商品期货交易按照交易性金融资产或金融负债来进行业务核算，商品期货的会计核算如下。

（1）向证券期货经纪公司申请开立买卖账户，按存入的资金借记"其他货币资金"科目，贷记"银行存款"科目；当企业取得衍生工具时，按照公允价值借记"衍生工具"科目，按发生的交易费用借记"投资收益"科目，按实际支付的金额贷记"其他货币资金"等科目。

（2）资产负债表日，衍生工具的公允价值高于其账面余额的差额，借记"衍生工具"科目，贷记"公允价值变动损益"科目；公允价值低于其账面余额的差额，做相反的会计分录。

（3）衍生工具终止确认时，应比照"交易性金融资产"、"交易性金融负债"等科目的相关规定进行处理。

四、商品期货合约的会计处理

商品期货合约处理主要分为两种，即买入商品期货合约和卖出商品期货合约。

1. 买入商品期货合约会计处理

【例】2007 年度，F 公司发生下列期货投资业务：

（1）9 月 1 日向证券期货经纪公司申请开立期货买卖账户，存入资金 300000 元；

（2）9 月 2 日买入白糖期货 30 手，每手 10 吨，2000 元/吨，交易保证金 7%，交易手续费 4 元/手；

（3）11 月 30 日结算价 1980 元/吨；

（4）12 月 31 日将上述白糖全部平仓，平仓成交价 1940 元/吨，交易手续费 4 元/手。则 F 公司的有关会计分录如下：

1）9 月 1 日向证券期货经纪公司申请开立期货买卖账户，存入资金 300000 元，会计分录为：

借：其他货币资金——存出投资款　　　　300000

　　贷：银行存款　　　　　　　　　　　　　300000

2）9 月 2 日买入白糖期货 30 手，交纳交易保证金 42000 元（30×10×2000×7%），交易手续费 120 元（30×4），会计分录为：

借：衍生工具——白糖期货　　　　　　　42000

　　投资收益　　　　　　　　　　　　　　120

　　贷：其他货币资金——存出投资款　　　　　42120

3）11 月 30 日，白糖期货合约亏损 6000 元 [30×10×（2000－1980）]，会计分录为：

借：公允价值变动损益　　　　　　　　　6000

　　贷：衍生工具——白糖期货　　　　　　　　6000

4）12 月 31 日，白糖合约亏损 12000 元 [30×10×（1980－1940）]，会计

分录为：

借：公允价值变动损益　　　　　　　12000

　　贷：衍生工具——白糖期货　　　　　　　12000

5）12月31日，将上述白糖期货全部平仓，同时支付交易手续费4元/手，会计分录如下：

借：其他货币资金——存出投资款　　24000

　　贷：衍生工具——白糖期货　　　　　　　24000

借：投资收益　　　　　　　　　　　120

　　贷：其他货币资金——存出投资款　　　　　120

借：投资收益　　　　　　　　　　　18000

　　贷：公允价值变动损益　　　　　　　　　18000

2. 卖出商品期货合约会计处理

【例】假设2007年度D公司发生以下期货投资业务：

（1）9月1日向证券期货经纪公司申请开立期货买卖账户，存入资金600000元；

（2）9月2日，买入螺纹期货10手，每手10吨，19600元/吨，交易保证金为合约价值的7%，交易手续费为成交金额的4.5%；

（3）9月30日结算价19000元/吨；

（4）10月31日将上述螺纹钢期货全部平仓，平仓成交价18700元/吨，交易手续费为成交金额的4.5%。那么有关D公司的会计分录如下：

1）9月1日向证券期货经纪公司申请开立期货买卖账户，存入资金600000元，会计分录为：

借：其他货币资金——存出投资款　　600000

　　贷：银行存款　　　　　　　　　　　　　600000

2）9月2日卖出螺纹钢期货10手，交纳交易保证金137200元（10×10×19600×7%），交易手续费88200元（10×10×19600×4.5%），会计分录为：

借：衍生工具——螺纹期货　　　　　137200

投资收益   88200

    贷：其他货币资金——存出投资款   225400

3）9 月 30 日，螺纹期货合约盈利 90000 元 $[10 \times 10 \times (19600 - 18700)]$，会计分录为：

    借：衍生工具——螺纹期货   90000

        贷：公允价值变动损益   90000

4）10 月 31 日，螺纹期货合约盈利 30000 元 $[10 \times 10 \times (19000 - 18700)]$，会计分录为：

    借：衍生工具——螺纹期货   30000

        贷：公允价值变动损益   30000

5）10 月 31 日，将上述螺纹期货全部平仓，并按成交金额的 4.5% 支付交易手续费 84150 元（10 × 10 × 18700 × 4.5%），则会计分录为：

    借：其他货币资金——存出投资款   287200

        贷：衍生工具——螺纹期货   287200

    借：投资收益   84150

        贷：其他货币资金——存出投资款   84150

    借：公允价值变动损益   150000

        贷：投资收益   150000

五、会计报表

（1）资产负债表。在"其他应收款"项目下设置"期货保证金"和"应收席位费"项目，分别反映企业在期货交易所或期货经纪机构的保证金余额和企业为取得基本席位之外的席位而交纳的席位占用费。这两个项目应分别根据"期货保证金"科目的期末余额和"应收席位费"科目的期末余额填列。

（2）损益表。在"投资收益"项目下设置"期货收益"项目（亏损用"-"号表示），反映企业进行期货业务实现的损益。本项目根据"期货损益"科目的本期发生额分析填列。

第三节 期货公司金融期货业务的会计核算

本节关键词:

货币期货、利率期货、股指期货

本节内容提要:

(1)掌握货币期货的概念、内容和会计核算。

(2)掌握利率期货的概念、内容和会计核算。

(3)掌握股指期货的概念、内容和会计核算。

金融期货业务是期货投资公司的另一项重要业务,其业务主要包括三个种类,本节分别讲述三个种类的业务核算。

一、货币期货的会计核算

(一)货币期货的概念

货币期货是指协约双方同意在未来某一日期,根据约定价格——汇率,把一种货币兑换成另一种货币的期货合约。外汇期货包括以下币种:欧元、日元、英镑、瑞士法郎、加拿大元、美元等。

(二)买入和卖出货币期货合约

1. *初始确认*

买入货币期货合约:

(1)按买入外汇期货合约的公允价值,借记"衍生工具——买入××外汇期货合约"科目,贷记"金融工具结算——买入××外汇期货合约"科目

（以下省略明细科目）。

（2）支付相关税费和期货保证金，借记"投资收益"、"存出保证金"科目，贷记"银行存款"等科目。

卖出货币期货合约：

（1）按卖出合约的公允价值，借记"金融工具结算——卖出××外汇期货合约"科目，贷记"衍生工具——卖出××外汇期货合约"科目（以下省略明细科目）。

（2）支付相关税费及期货保证金，借记"投资收益"、"存出保证金"科目，贷记"银行存款"等科目。

2. 后续计量

买入货币期货合约：

（1）买入合约的公允价值增值时，按增值额，借记"衍生工具"科目，贷记"公允价值变动损益"科目；同时，调增保证金余额，借记"存出保证金"科目，贷记"金融工具结算"科目；买入合约减值时，按减值额做与以上两分录相反的分录。

（2）因合约减值，交易所或经纪机构通知追加期货保证金时，借记"存出保证金"科目，贷记"银行存款"等科目。

卖出货币期货合约：

（1）持仓合约价值上涨时，按增值额，借记"公允价值变动损益"科目，贷记"衍生工具"科目；同时，调减保证金余额，借记"金融工具结算"科目，贷记"存出保证金"科目，按照交易所或经纪机构通知追加保证金时，借记"存出保证金"科目，贷记"银行存款"等科目。

（2）合约价值下跌时，按减值额做与以上增值和调减保证金相反的分录。

3. 终止确认

卖出期货合约通过转销买入合约账面价值处理：

（1）应按卖出价与持仓合约账面价值的差额确认平仓盈亏：卖出价高于其账面价值时，按其差额，借记"衍生工具"科目，贷记"投资收益"科目；并且，调增保证金余额，借记"存出保证金"科目，贷记"金融工具结算"

科目；卖出价低于其账面价值时，按其差额做与以上两分录相反的分录。

（2）支付卖出合约相关税费时，借记"投资收益"科目，贷记"存出保证金"科目。

（3）转销套利项目时，按外汇期货确认平仓盈亏后的账面价值，借记"金融工具结算"科目，贷记"衍生工具"科目。

（4）收回保证金时，借记"银行存款"等科目，贷记"存出保证金"科目。

（5）同时，按该衍生工具的浮动盈亏，借（或贷）记"公允价值变动损益"科目，贷（或借）记"投资收益"科目。

卖出合约套利一般均采用买入同种合约对冲平仓，但买入合约可不单独确认，而通过转销持仓的卖出合约账面价值处理：

（1）应按买入价与持仓的卖出合约账面价值的差额确认平仓盈亏，合约买入价高于持仓的卖出合约账面价值时，按其差额，借记"投资收益"科目，贷记"衍生工具"科目；同时调减保证金余额，借记"金融工具结算"科目，贷记"存出保证金"科目；合约买入价低于持仓的卖出合约账面价值时，按其差额，做与以上两分录相反的分录。

（2）支付买入合约相关税费时，借记"投资收益"科目，贷记"存出保证金"科目。

（3）转销套利项目时，按确认平仓盈亏后持仓合约的账面价值，借记"衍生工具"科目，贷记"金融工具结算"科目。

（4）收回保证金时，借记"银行存款"科目，贷记"存出保证金"科目。

（5）同时，按该衍生工具的浮动盈亏，借（或贷）记"公允价值变动损益"科目，贷（或借）记"投资收益"科目。

二、利率期货的会计核算

1. 利率期货的概念

利率期货是指协议双方同意在约定的未来某个日期按约定条件买卖债券类证券为标的物的期货合约。利率期货交易的对象有长期国债、政府住宅抵押证券、中期国债、短期国债等。

2. 利率期货的会计核算

根据上海证券交易所的有关规定，国债期货的交易单位为面值 20000 元，即期货标的，交易价格的变动价位为 0.02 元，合同月份为每年的 3 月、6 月、9 月、12 月。客户在开仓时，一手合同需要向期货经纪公司交纳保证金 500 元，一手表示一个标准合同。期货经纪公司须按每手 200 元的标准向证券交易所交纳保证金。期货经纪公司对客户买卖每手合同收取的佣金最高不超过 5 元，最后结算时的结算费为每手合同 5 元。国债期货按每万元报价，持仓盈亏和平仓盈亏的计算公式为：

持仓盈亏 = (当日结算价 − 持仓价) × 200 × 持仓合同数

平仓盈亏 = (卖出价 − 买入价) × 200 × 平仓合同数

【例】假设 2006 年度 A 公司发生以下期货投资业务：1 月 17 日，以 110 元报价买入国债期货合同 30 手，交易保证金 500 元/手，交易手续费 4 元/手。3 月 31 日将上述国债期货全部平仓，平仓成交价 127 元，交易手续费 5 元/手。A 公司的有关会计处理为：

(1) 1 月 17 日买入国债期货 30 手，交纳交易保证金 15000 元（30 × 500），交易手续费 120 元（30×4），会计分录为：

借：衍生工具——国债期货　　　　　　15000

　　投资收益　　　　　　　　　　　　120

　　贷：银行存款　　　　　　　　　　　　　　15120

(2) 3 月 31 日，国债期货合同盈利 102000 元〔(127 − 110) × 200 × 30〕，会计分录为：

借：衍生工具——国债期货   102000

    贷：公允价值变动损益   102000

三、股指期货的会计核算

1. 股指期货的概念

股票指数期货是指协议双方同意在未来特定日期按约定的价格买卖股票指数的可转让的标准化合约。

2. 股指期货的会计核算

【例】假设 B 公司于 2006 年 4 月 28 日在指数 4860 点时购 5 手沪深 400 股票指数期货合同，沪深 400 股票指数期货合同价值乘数为 400，交易保证金比例为 12%，交易手续费为交易金额的万分之三。5 月 31 日股票指数下降 1%。那么，B 公司的有关会计处理为：

（1）4 月 28 日开仓时，交纳交易保证金 1166400 元（$4860 \times 400 \times 5 \times 12\%$），交纳手续费 2916 元（$4860 \times 400 \times 5 \times 0.0003$），会计分录如下：

借：衍生工具——股票指数期货合同   1166400

    投资收益   2916

    贷：银行存款   1169316

（2）因处于多头行情，5 月 31 日股指期货下降 1%，该客户亏损 97200 元（$4860 \times 1\% \times 400 \times 5 = 97200$），会计分录如下：

借：公允价值变动损益   97200

    贷：衍生工具——股票指数期货合同   97200

按交易所的要求追加保证金。

追加保证金 $= 4860 \times 99\% \times 400 \times 5 \times 12\% - (1166400 - 97200) = 85536$ 元

借：衍生工具——股票指数期货合同   85536

    贷：银行存款   85536

第八章 基金管理公司业务的会计核算

第一节 基金管理公司主要业务和基金类别

本节关键词：

基金管理、基金类别

本节内容提要：

（1）了解基金管理公司的主要业务。

（2）了解基金管理公司的基金类别。

基金管理公司是指依据有关法律法规设立的对基金的募集、基金份额的申购和赎回、基金财产的投资、收益分配等基金运作活动进行管理的公司。基金管理人由依法设立的基金管理公司担任。

对于基金管理者而言，掌握基金管理公司的业务以及会计核算方法至关重要。

基金管理人能否深入、透彻地了解基金管理公司的主要业务内容和基金的类别，直接影响着个人和公司的发展。因此，熟悉基金管理公司业务，明确基金的类别是有必要的。

一、基金管理公司的主要业务

基金管理公司的主要业务包括三种：基金发行业务、基金赎回业务、基金投资业务。具体介绍如下：

1. 发起设立基金

发起设立基金是指基金管理公司为基金批准成立前所做的一切准备工作，包括基金品种的设计、签署基金成立的有关法律文件、提交申请设立基金的主要文件及申请的审核与批准，如图8-1所示。

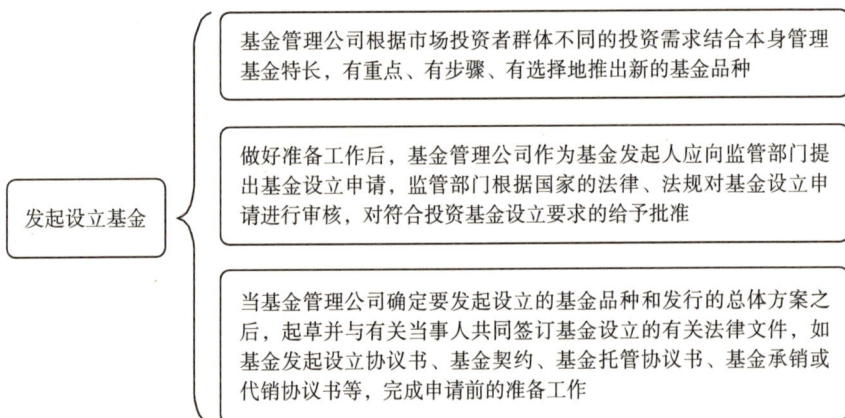

图 8-1 发起设立基金

2. 基金赎回业务

基金赎回是针对开放式基金，投资者以自己的名义向基金管理公司要求部分或全部退出基金的行为。

赎回方式分为全部赎回、部分延期赎回和暂停赎回。全部赎回是指当基金管理人认为有能力兑付投资者的赎回申请时，按正常赎回程序执行。部分延期赎回是指巨额赎回申请发生时，基金公司在当日接受赎回比例不低于上一日基金总份额10%的前提下，对其余赎回申请延期办理。暂停赎回是指基金连续2个开放日发生巨额赎回，如果基金管理人认为有必要，可以暂停接受基金赎回申请。

3. 基金投资业务

基金投资业务是众多投资者出资，由专业基金管理机构和人员管理的资金运作方式。其特点是基金投资人不参与基金的管理和操作，只定期取得投资收益。基金管理人根据投资人的委托进行投资运作，收取管理费收入。

基金投资业务的投资领域包括股票、债券、实业、期货等，对一家上市公司的投资额不得超过该基金总额的 10%，从而降低投资风险。基金投资业务是介于储蓄和股票之间的一种投资方式。

二、基金管理公司的基金类别

根据投资基金的组织形式不同，基金管理公司的基金可分为公司型基金和契约型基金。根据基金受益单位能否随时认购或赎回及转让方式的不同，可分为开放型基金和封闭型基金。根据投资基金投资对象的不同，可分为货币基金、债券基金、股票基金等。

1. 公司型基金和契约型基金

公司型基金又称共同基金（Mutual Fund），是指基金公司依法设立，以发行股份的方式募集资金，投资者通过购买公司股份成为基金公司股东。基金公司将其资产委托给专业的基金管理公司管理运作，同时，由有信誉的金融机构代为保管基金资产。

契约型基金又称单位信托基金（Unit Trust），由基金投资者、基金管理人、基金托管人所签署的基金合同而设立。公司型基金和契约型基金的主要区别在于设立的组织架构及法律关系不同，但契约型基金较公司型基金而言，其设立方式更为灵活方便。目前，我国绝大多数投资基金属于契约型基金。

2. 开放型基金与封闭型基金

开放型基金是指基金设立时，投资者可随时认购基金受益单位，向基金公司或银行等中介机构提出赎回基金单位的一种基金。封闭型基金是指在设立基金时，规定基金的封闭期限及固定基金发行规模，在封闭期限内投资者不能向基金管理公司提出赎回，基金的受益单位只能在证券交易所或其他交易场所转让。

开放型基金与封闭型基金的主要区别如下：

（1）期限不同。封闭型基金通常封闭期在 5 年以上，一般为 10~15 年。而开放型基金则没有固定期限。

（2）发行规模不同。封闭型基金发行规模固定，并在封闭期限内不能再增加发行新的基金单位。开放型基金则没有发行规模限制。

（3）转让方式不同。封闭型基金在封闭期限内，投资者认购了基金受益单位就不能向基金管理公司提出赎回，只能寻求在证券交易所或其他交易场所挂牌，交易方式类似于股票及债券的买卖。开放型基金的投资者则可随时向基金管理公司或银行等中间机构提出认购或赎回申请，买卖方式灵活。

（4）交易价格的决定因素不同。封闭型基金的交易价格不完全取决于基金资产净值，受市场供求关系等因素影响较大。开放型基金的价格则完全取决于每单位资产净值的大小。我国的投资基金业先选择封闭型基金试点，逐步发展到开放型基金，但今后投资基金发展的主流是开放型基金。

3. 货币基金、债券基金与股票基金

（1）货币基金是以全球的货币市场为投资对象的一种基金。通常投资于银行短期存款、大额可转让存单、政府公债、公司债券、商业票据等。货币基金的出现为小额投资者进入货币市场提供了机会。货币基金投资成本低、流动性强、风险小。货币基金又称停泊基金。投资者在股票基金业绩不好时，将股票基金转换为货币基金，等待时机选择别的基金品种。

（2）债券基金是指将基金资产投资于债券，对债券进行组合投资。债券收益稳定，风险较小，适合保守型投资者。债券基金的价格也受到市场利率、汇率、债券本身等因素影响，其波动程度低于股票基金。

（3）股票基金是指以股票为投资对象的投资基金，是所有最流行基金中的一种。股票基金具有流动性强，分散风险、长线回报高等特点。

第二节　基金管理公司基金发行业务的会计核算

本节关键词：

基金发行业务、会计处理

本节内容提要：

（1）了解基金发行业务核算原则。

（2）了解基金发行业务的会计处理

（3）了解基金发行对象。

基金管理公司基金发行业务是指基金管理公司以筹集受托资金进行投资管理为目的，按法定条件和程序向社会公众公开出售基金单位的行为。基金发行业务是基金管理公司的基本业务，无论是基金管理者还是基金投资者，都应对基金发行业务有所了解。

一、基金发行业务的核算原则

基金发行业务核算应遵循以下原则：

（1）封闭式基金事先确定发行总额，在封闭期内基金单位总数不变。基金成立时，实收基金按实际收到的基金发行总额入账。基金发行收入扣除相关费用后的结余，作为其他收入处理。

（2）开放式基金的基金单位总额不固定，基金单位总额随时增减。基金成立后，实收基金按实际收到的基金单位发行总额入账。基金公司成立后，实收基金应于基金申购、赎回确认日，根据基金契约和招募说明书中载明的有关事项进行确认和计量。

（3）基金管理公司应于收到基金投资人申购或赎回申请之日起，在规定的工作日内对该交易的有效性进行确认。确认日,按照实收基金、未实现利得、未分配收益和损益平准金的余额占基金净值的比例,将确认有效的申购款项分割为三部分,分别确认为实收基金、未实现利得、损益平准金的增加或减少。

(4)基金管理公司应当在接收基金投资人有效申请之日起,在规定的工作日内收回申购款项,尚未收回之前作为应收申购款入账。

二、基金发行业务的会计处理

(一)基金发行按发行阶段的分类

基金发行按发行阶段可以划分为:首次发行、扩募发行。首次发行指基金设立时的第一次发行。扩募发行指基金成立后,为扩大基金的资金而增加的发行。基金管理公司首次发行基金份额称为基金募集,在基金募集期内购买基金份额的行为称为基金的认购。而投资者在募集期结束后,申请购买基金份额的行为通常叫作基金的申购。

1.基金首次发行的会计处理

基金首次发行期,即基金募集期,多按基金单位面值发行,基金成立前发生的开办费按惯例不由基金资产承担,因此投资者购买基金时支付的发行费用不计入基金资产和基金净资产。不论是封闭型基金还是开放型基金,均借记"银行存款"科目,贷记"投入资本"科目。

【例】某基金管理公司基金尚未成立,打算发行××证券投资基金10000000基金单位,每基金单位发行价格为1元,基金被购买后,基金管理公司应该支付4000元发行费用,会计处理为:

借:银行存款　　　　　　　　　10000000

　　贷:投入资本　　　　　　　　　　　　10000000

基金募集发行期结束,按照实际收到的金额,借记"银行存款"科目,按基金单位发行总额,贷记"实收基金"科目,按其差额,贷记"其他收入"

科目。

【例】某基金管理公司发行某证券投资基金 10000000000 份基金单位，每基金单位发行价格 1.01 元，支付发行费用 50000000 元，会计分录为：

借：银行存款　　　　　　　　10050000000

　　贷：实收基金　　　　　　　　　　　10000000000

　　　　其他收入　　　　　　　　　　　　50000000

2. 基金扩募发行的会计处理

在国内，基金扩募发行主要是指基金管理公司按每单位基金面值加单位发行费用进行份额配售，封闭式基金在扩募后，存续期一般会延长。基金扩募会造成原持有人基金单位值稀释。

封闭型基金扩募发行必须具备以下几个条件：①年收益率高于全国基金平均水平；②基金托管人、基金管理人最近 3 年内无重大违法、违规的行为；③基金持有人大会和基金托管人同意扩募；④中国证监会规定的其他条件。

【例】2010 年 9 月，××基金管理公司发行了 10000 单位基金，单位售价 1 元，其中支付发行费用 500 元。10 月为了扩大基金的资金，决定再扩募发行 10000 单位基金，单位售价 1.05 元（1＋0.05），其中支付发行费用 500元。分析基金扩募给公司和基金持有人带来的影响。

10 月基金管理公司的会计核算如下：

借：银行存款　　　　　　　　10500

　　贷：实收资本　　　　　　　　　　10000

　　　　其他收入　　　　　　　　　　　500

由于 1＜1.05，所以在一定意义上，基金管理公司 10 月的基金扩募导致了原持有人基金单位值稀释。

（二）基金发行按发行对象的范围分类

基金发行按发行对象的范围可以划分为公募发行、私募发行。

1. 公募发行的会计处理

公募发行是指通过承销机构承销，向社会公开招募说明书，公开发售基金单位的发行方式。公募发行又可分为定向公募和非定向公募。定向公募是指公向特定的对象发行，如只卖给教师、医生等特定身份的人。非定向公募就是发行对象没有限制的公开发行方式。

例题参照前文【例】。

2. 私募发行的会计处理

私募发行又称不公开发行或内部发行，是指发行人直接将所发行基金单位卖给投资者，免去承销商中介参与。私募发行的对象有两类：一类是个人投资者，例如公司老股东或发行人机构自己的员工（俗称"内部职工股"）；另一类是机构投资者，如较大的金融机构或与发行人有密切往来的企业等。

例题参照前文【例】。

第三节　基金管理公司基金赎回业务的会计核算

本节关键词：

基金赎回、会计核算

本节内容提要：

（1）了解基金赎回业务的核算原则。

（2）了解基金赎回业务的会计科目设置。

（3）了解基金赎回业务的会计核算。

基金赎回是指基金投资者为了收回现金，申请将持有的基金单位卖出的行为。简单地说，基金赎回就是卖出行为。

在基金赎回的过程中，涉及很多收费、核算环节。那么，基金管理人应该注意哪些问题？

一、基金赎回业务的会计核算原则

基金赎回业务核算应遵循以下原则：

（1）办理申购业务的机构按规定收取申购费，若在基金赎回时收取，待基金投资人赎回时从赎回款抵扣。

（2）基金管理公司应当在接受基金投资人有效申请之日起，在规定的工作日内支付赎回款项，尚未支付之前作为应付赎回款入账。

（3）开放式基金按规定收取的赎回费，其中基本手续费部分归办理赎回业务的机构所有，尚未支付之前作为应付赎回费入账；赎回费在扣除基金手续费后的余额归基金所有，作为基金收入入账。

二、基金赎回业务的会计科目设置

基金赎回业务的会计科目主要包括实收基金、未实现利得、损益平准金、应付赎回款、应付赎回费。

基金赎回确认日，按基金赎回款中含有的实收基金，借记"实收基金"科目；按基金赎回款中含有的未实现利得，借记"未实现利得"科目；按基金赎回款中含有的未分配收益，借记"损益平准金"科目。按应付投资人赎回款，贷记"应付赎回款"科目；按赎回费中基本手续费部分，借记"应付赎回费"科目；按赎回费扣除基本手续费后的余额部分，贷记"其他收入——赎回费"科目。

三、基金赎回业务的会计核算

1. 赎回金额和赎回费的会计核算

赎回开放式基金采用未知价法，即基金单位交易价格取决于赎回行为发生时尚未确知（但当日收市后即可计算并于下一交易日公告）的单位基金资产净值。

赎回费用＝赎回日基金单位资产净值×赎回份额×赎回费率

赎回金额＝赎回日基金单位资产净值×赎回份额－赎回费

赎回费经四舍五入后保留小数点后两位。

【例】某投资人赎回本基金10000份基金份额，持有时间为一年半，适用的赎回费率为0.25%，假设申购当日基金份额净值为1.05元，赎回当日基金份额净值为1.25元，采用后端收费（后端收费是指投资者在购买基金时无须支付任何手续费，而在申请基金赎回时支付认、申购费用的付费模式）方式，则：

赎回总额＝10000×1.25＝12500元

后端申购费用＝10000×1.05×1.0%＝105元

赎回费用＝12500×0.25%＝31.25元

赎回金额（当日基金份额净值）＝12500－105－31.25＝12363.75元

即投资人赎回10000份基金份额，采用后端收费方式，可得到12363.75元赎回金额。如果说在申购时已付申购费用，则赎回金额（当日基金份额净值）＝12500－31.25＝12468.75元。

【例】某投资者赎回某开放式基金9677.41份基金单位，赎回费率为0.5%，假设赎回当日基金单位资产净值是1.0168元，则其可得到的赎回金额为：

赎回费用＝1.0168×9677.41×0.5%＝54.04元

赎回金额＝1.0168×9677.41－54.04＝10753.69元

即投资者赎回某开放式基金9677.41份基金单位，假设赎回当日基金单位资产净值是1.1168元，则其可得到的赎回金额为10753.69元。

2. 巨额赎回的会计核算

巨额赎回是指开放式基金单个开放日，超过基金总份额10%的基金净赎回。

巨额赎回的处理方式包括两种：全额赎回和部分延期赎回。全额赎回是指当基金管理人认为有能力支付投资者的赎回申请时，按正常赎回程序执行的方式。延期赎回是指当基金管理人认为支付投资者的赎回申请有困难或不方便时采取的方式，即基金管理人在当日接受赎回比例不低于上一日基金总份额 10% 的前提下，对其余赎回申请延期办理。对于当日的赎回申请，按单个账户赎回申请量占赎回申请总量的比例，确定当日受理的赎回份额；未受理部分可延迟至下一个开放日办理。转入下一个开放日的赎回申请不享有优先权并以该开放日的基金单位资产净值为依据计算赎回金额，以此类推，直到全部赎回为止。但投资者在申请赎回时可选择将当日未获受理部分予以撤销。

发生巨额赎回并延期支付时，基金管理人应通过指定媒体、基金管理人的公司网站或代销机构的网点在三个证券交易所交易日内刊登公告，并说明有关处理方法。基金管理人认为有必要，可暂停接受赎回申请；已经接受的赎回申请可以延缓支付赎回款项，但不得超过正常支付时间 20 个工作日。

3. 暂停赎回的会计核算

当发生下列情况时，基金管理公司可暂停接受基金投资者的赎回申请：不可抗力的原因导致基金无法正常运作；证券交易所交易时间非正常停市；法律、法规规定或中国证监会认定的其他情形。

如果发生以上情形，基金管理人应该在当日向中国证监会报告，同时，基金管理人足额支付已经接受的申请；如暂时不能足额兑付，可兑付部分按单个账户申请量占申请总量的比例分配给赎回申请人，未兑付部分根据基金管理人制定的原则在后续开放日予以兑付，并以该开放日当日的基金单位资产净值为依据计算赎回金额。投资者在申请赎回时可选择将当日未获受理部分予以撤销。

发生基金契约或招募说明书中未予载明的事项，但基金管理人有正当理由认为需要暂停基金赎回，应当报中国证监会批准；经批准后，基金管理人应当立即在指定媒体上刊登暂停公告。暂停期间，每两周至少刊登提示性公告一次。暂停结束基金重新开放赎回时，基金管理人应在指定媒体上刊登基金重新开放赎回公告及最近一个工作日基金单位资产净值。

第四节　基金管理公司基金投资业务的会计核算

本节关键词：

基金投资、股票投资、投资出售

本节内容提要：

（1）了解投资取得的会计核算。

（2）了解投资出售的会计核算。

基金投资是指基金管理公司通过发行基金份额，集中投资者的资金，然后基金管理人管理和运用资金，进行股票、债券等金融投资的行为。投资的最终目的是实现保值增值。

作为基金管理人，面对基金投资业务的核算，应该如何应对？

一、投资取得的核算

投资取得的核算如图 8-2 所示。

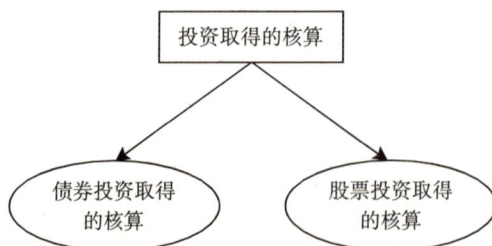

图8-2　投资取得的核算分类

（一）股票投资的取得

股票投资的取得如图 8-3 所示。

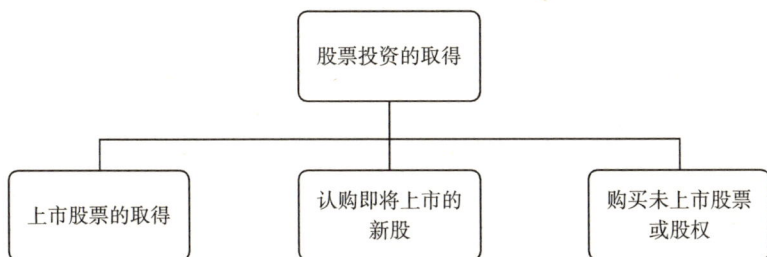

图 8-3　取得股票投资

1. 上市股票的取得

投资基金购买的股票在付款时按实际支付的价款（包括支付的买价、税金、手续费等）以总额计价入账。如果实际支付价款中含有已宣布未发放现金股利，仍旧计入股票成本。除息日后，随着股票价格的下降，确认应收股利。投资基金股票投资应设置"股票投资"账户进行核算。"股票投资"总账下按股票种类设置明细账户，登记股票名称、面值、数量、成本等。

【例】某投资基金以每股 20.98 元的价格购得某上市股票 10000 股，手续费和印花税合计 1784.3 元，该股票已宣布每股发放现金股利 0.2 元。

购买日该基金的会计核算如下：

借：股票投资　　　　　　　　213584.3
　　贷：保证金存款　　　　　　　　　213584.3

该股票除息日时，投资基金应做如下会计分录：

借：应收现金股利　　　　　　2000
　　贷：投资收益——现金股利　　　　　2000

2. 认购即将上市的新股

认购即将上市的新股时，会计分录如下：

（1）冻结认股资金。

借：保证金存款——冻结资金

　　贷：保证金存款——交易准备金存款

（2）取得认购股票。

借：股票投资

　　贷：保证金存款——冻结资金

（3）返还未购股票资金。

借：保证金存款——交易准备金存款

　　贷：保证金存款——冻结资金

3. 购买未上市股票或股权

投资基金购买未上市股票或股权时，应根据实际支付的协议价格和相应的印花税、手续费等总额确认股票或股权成本。投资基金采取一揽子购买股票的方式，应将支付的全部金额按比例（每种股票面值/面值总额）在每种股票之间进行分摊，确认每种股票的成本。投资基金购买未上市股票或股权时，会计分录如下：

借：交易性金融资产——股票

　　应收股利

　　投资收益

　　贷：银行存款

（二）债券投资的取得

1. 传统方法的核算

投资基金购买上市或未上市债券时，将支付的税金、手续费等附加费用计入交易费用，将价款中的应计利息（从发行日或上次付息日至购入日之间的利息）计入"应收利息"科目，将扣除交易费用、应计利息后的金额与债券面值的差异作为债券折价或溢价。债券的折价或溢价在债券的存续期间内，确认相关债券利息收入时摊销。债券的价值是面值减折价或加溢价后的金额。

【例】某投资基金购入面值 10000 元的 5 年期国库券，年利率 7%，买入时支付价款 11136.45 元，其中手续费 34 元。该国库券还有 4 年到期，单利计息，到期时一次还本付息。当时同期市场利率为 5%。投资基金计算该债券的应计利息为 700（10000×7%）元，溢价为 406.45 元（11136.45－30－10000×7%－10000），按直线法摊销。此时债券的账面价值为 10406.45 元，应收利息为 700 元。为方便举例，假设购买一年后债券估值并结账，市价为 11661.3 元，为了求出投资产生的未实现资本利得，需分解出其中包含的两年的应计利息 1400 元（700＋10000×7%），得到债券价值应为 10261.3 元（11661.3－1400）。投资基金此时的溢价已摊销 101.61 元（406.45÷4），还剩 304.84 元。债券账面价值为 10304.8 元。

（1）购买国库券，会计分录为：

借：债券投资　　　　　　　　10406.45

　　应收利息　　　　　　　　700

　　证券交易手续费　　　　　34

　　贷：保证金存款　　　　　　　　　　11140.45

（2）购买一年后的估值计算并记录持有一年的应收利息、溢价摊销和利息收入，会计分录为：

借：应收利息　　　　　　　　700

　　贷：利息收入　　　　　　　　　598.39（700－101.61）

　　　　债券投资　　　　　　　　　101.61

记录债券估值结果，会计分录为：

借：未实现资本利得　　　　　43.54

　　贷：投资调整　　　　　　　　　　43.54

该方法符合公认会计原则，但是对投资基金而言，这种方法揭示债券价值的手续十分烦琐，无法清晰地反映债券价值。上文【例】中，需将债券投资、投资调整和应收利息三个账户相加（10304.84－43.54＋1400）才能得到债券当时的价值（11661.3）。

2. 变通的核算方法

投资基金购买上市债券时，如果采用变通的核算方法，不区分应收利息和本金，将购买债券支付的价款扣除手续费后计价入账，则可使未来的估值和账务处理变得简单清晰。如上文【例】，投资基金购买的债券按扣除手续费后的全部价值入账为 11106.54 元（11136.54 – 30），一年后估值结果为 11661.3 元。会计分录为：

（1）购买债券，会计分录为：

借：债券投资　　　　　　　　11106.54

　　证券交易手续费　　　　　　30

　　贷：证券交易保证金　　　　　　　　　11136.54

（2）债券估值，会计分录为：

借：投资调整　　　　　　　　554.76（11661.3–11106.54）

　　贷：未实现资本利得　　　　　　　　　554.76

上述方法比较简便，但是它违反了公认会计原则，即没有将当期已取得所有权的利息收入计入当期收益，因此不符合权责发生制的原则。另外，将应收利息对债券价格的影响认为是未实现资本利得，混淆了资本利得与利息的界限。总的来看，传统方法虽然较复杂，但更符合会计的基本原则，更易为公众接受。

二、投资出售的核算

出售投资时，需要确定几个价值：一是投资收入（投资的售价–印花税–手续费）；二是投资成本（投资的原始成本），投资成本可采用先进先出法或加权平均法确定；三是投资买卖差价，它是投资收入与投资成本之间的差额，但如果债券投资采用的是传统核算方法，存在应收利息的情况下，应将应收利息的金额扣除。

【例】某投资基金出售一批证券，包括某种股票投资售价 200000 元，有关税金和费用为 2000 元，计算加权平均的该种股票投资原始成本为 202200 元。

（1）出售股票投资，会计分录为：

借：保证金存款　　　　　　198000

　　贷：投资收入　　　　　　　　　198000

（2）月底结转投资成本，会计分录为：

借：投资成本　　　　　　　202200

　　贷：股票投资　　　　　　　　　202200

【例】该投资基金同时出售一批债券，扣除税金、费用后的总收入为66000元，其中包括应收利息6000元（已计提5000元，该债券为面值购入），计算该债券投资的原始成本为60000元。

（1）计提应提的利息收入，会计分录为：

借：应收利息　　　　　　　1000（6000－5000）

　　贷：利息收入　　　　　　　　　1000

（2）出售债券投资，会计分录为：

借：保证金存款　　　　　　66000

　　贷：投资收入　　　　　　　　　60000

　　　　应收利息　　　　　　　　　6000

（3）结转债券成本，会计分录为：

借：投资成本　　　　　　　60000

　　贷：债券投资　　　　　　　　　60000

第五节　基金管理公司基金业务损益的会计核算

本节关键词：

基金业务损益、基金收益、投资基金净收益

本节内容提要：

（1）了解投资基金费用。

（2）了解基金收益的会计核算。

（3）了解投资基金净收益的会计核算。

基金管理公司基金业务的损益包括三部分：基金费用、基金收益和基金净收益。基金的损益反映着基金管理公司的运营状况，决定了公司未来的命运。面对基金管理公司基金业务的损益状况，基金管理公司应该如何进行会计核算？

一、基金费用的会计核算

会计上的投资基金费用是指由投资基金资产支付，并构成投资基金费用的费用。按内容进行分类，主要分为管理费、保管费、开办费、其他费用。

1. 管理费与保管费的会计处理

管理费与保管费是基金管理公司支付给基金管理人和保管人的费用。基金契约或公司章程中明确计费基础、费率和支付方式及时间。

管理费和保管费的会计核算分为两个步骤：

（1）计算从年初到本结账日应付的累计管理费和保管费。

计算公式为：累计管理费或保管费＝计费基础×从年初到本日的天数×年费率÷本年天数

【例】某基金管理公司在月末进行结账。2月28日某投资基金分别按2.5%和0.25%的年费率估计基金管理费和保管费，基金前一日的净资产为245000000元，基金于1月31日已分别计提并支付管理费和保管费477740元和47774元。

截至2月底该基金应支付的管理费累计为：

（31＋28）×（245000000×2.5%÷365）＝990070（元）

截至2月该基金应支付的保管费累计为：

（31＋28）×（245000000×0.25%÷365）＝99007（元）

（2）计算从前一结账日到本结账日之间应付的管理费和保管费。

计算公式为：本期应付管理费或保管费＝截至本结账日的累计应付管理

费 – 前一结账日累计应付管理费

【例】在上述案例中，该投资基金 2 月应提的管理费为：990070–477740=512330（元）

该投资基金 2 月应提的保管费为：99007–47774＝51233（元）

该投资基金 2 月 28 日入账时应做如下会计分录：

借：管理费用　　　　　　512330

　　贷：应付管理费　　　　　　　　512330

借：保管费用　　　　　　51233

　　贷：应付保管费　　　　　　　　51233

支付管理费和保管费时应作如下分录：

借：应付管理费　　　　　512330

　　应付保管费　　　　　51233

　　贷：银行存款　　　　　　　　　563563

2. 开办费用的会计核算

开办费是指投资基金在有关部门注册登记之前的筹建期间发生的各项费用，如申请设立基金的文件制作费用，有关会计师、律师费用和募集时的手续费和信息披露费用等。开办费的核算如下：开放型投资基金的开办费在基金成立时，可记录在"开办费"账户中，构成基金的一项资产。开办费的摊销期限为五年。摊销方法采用直线法。

（1）归还基金管理人垫支的开办费并确认入账，会计分录如下：

借：开办费

　　贷：银行存款

（2）结账日摊销开办费，会计分录如下：

借：开办费摊销

　　贷：开办费

3. 其他费用的会计核算

（1）分摊法。投资基金对会计年度中所有可准确估计其金额的其他费用也应采取管理费和保管费的会计处理方式，在年度内平均分摊。

【例】某投资基金在年中和年底估值两次，6月30日的净资产价值为200000000元，至12月31日期间，发生审计费用500000元，两个估值日的基金单位数量均为100000000元。为方便说明，假设其他资产和负债均未改变，并以交易日前的估值日计算的每基金单位净资产为交易价格。

发生当时确认费用：

12月31日净资产价值＝200000000－500000＝199500000（元）

6月30日每基金单位净资产＝200000000÷100000000＝2（元）

12月31日每基金单位净资产＝199500000÷100000000＝1.995（元）

投资者在6月30日至12月31日期间卖出基金单位，不必负担全年的审计费用。

投资者在12月31日之后卖出基金单位，须负担全年的审计费用。

全年均衡分摊费用：

500000元审计费用从年初起开始分摊，6月30日和12月31日各应分摊250000元。

估值日时的净资产＝200000000－250000＝199750000（元）

每基金单位净资产＝199750000÷100000000＝1.9975（元）

预提该费用的相关会计分录如下：

借：审计费用　　　　　　　　　　250000

　　贷：其他应付款——应付××款　　　　　　　250000

期间内支付费用的相关会计分录如下：

借：待摊费用　　　　　　　　　　250000

　　其他应付款——应付××款　　250000

　　贷：银行存款　　　　　　　　　　　　　　500000

分摊已支付但尚未提取的费用的相关会计分录如下：

借：审计费用　　　　　　　　　　250000

　　贷：待摊费用　　　　　　　　　　　　　　250000

（2）直接确认法。投资基金的其他费用无法确认发生金额，或发生金额很小，可采用发生当时直接入账的方式核算。会计分录为：

借：上市费用（证券交易费用信息披露费用、持有人大会费用其他费用）
　　贷：银行存款

二、基金收益的会计核算

1. 现金股利的会计核算

对于现金股利，一般企业在股利宣布日时，投资者取得对这笔资产的所有权，所以应按权责发生制原则将其作为收入入账。但已上市的股票在股利宣布日至除息日期间，市价通常因包含宣布的股利而上涨，除息日后则因扣除股利而下降。持有这类股票的投资基金在股利宣布日至除息日期间的投资估值中已按包含股利的股票市价调整了未实现资本利得和损失，若再计提应收股利，会造成重复计算，虚增基金资产。因此，已上市股票的现金股利，最好以除息日作为股利收入的确认时间。

确认现金股利时，一方面增加基金资产，另一方面增加基金的收益。除息日确认现金股利收益的会计处理如下：

借：应收股利
　　贷：投资收益

收取现金股利的会计处理如下：

借：银行存款
　　贷：应收股利

2. 已实现资本利得的会计核算

投资基金的已实现资本利得是投资基金出售投资的投资收入扣除投资账面成本后的差额。投资收入的确认是在卖出投资的交易日当天，而投资成本的结算可能要到基金结账日，因此，已实现资本利得需要到结账日才在账面确认。

出售投资的会计处理如下：

借：交易保证金
　　贷：投资收益

结转投资成本的会计处理如下：

借：投资成本

　　贷：××投资

结算已实现资本利得的会计处理如下：

借：投资收益

　　贷：投资成本

三、投资基金净收益的会计核算

1. 净收益的计算

投资基金净收益是投资基金收益减去投资基金费用后的差额，收益大于费用，则为利润；反之，为亏损。以下为基金净收益的计算过程：

基金净收益＝基金收入－基金费用

基金收入＝现金股利收入＋利息收入＋已实现资本利得＋其他收入

基金费用＝管理费＋保管费＋上市费用＋证券交易费＋信息披露费用＋审计费用＋开办费摊销＋其他费用

2. 净收益的核算

投资基金净收益可通过"未分配利润——本年净收益"科目核算。年终结账计算净收益时，将收益类科目和费用类科目转入本科目的借方和贷方，"未分配利润——本年净收益"科目的借方余额与贷方余额的差额就是本年的净收益。"未分配利润——本年净收益"的余额转入"未分配利润——可分配利润"，参与本年利润的分配。

（1）结转本年收益的会计分录如下：

借：现金股利收入

　　利息收入

　　已实现资本利得

　　其他收入

　　贷：未分配利润——本年净收益

（2）结转本年费用的会计分录如下：

借：未分配利润——本年净收益

　　贷：管理费用

　　　　保管费用

　　　　上市费用

　　　　证券交易费用

　　　　信息披露费用

　　　　审计费用

　　　　开办费摊销

　　　　其他费用

（3）结转本年可分配利润的会计分录如下：

借：本年利润

　　贷：利润分配——可分配利润

或亏损时：

借：利润分配——可分配利润

　　贷：本年利润

第九章　保险公司业务的会计核算

第一节　保险公司主要业务和资产类别

本节关键词：

保险业务、财产保险、人身保险、资产类别

本节内容提要：

（1）了解保险业务的概述。

（2）熟悉保险业务中财产保险和人身保险的两大分类。

（3）掌握保险公司的资产类别。

随着经济的发展，保险行业在不断探索中完善，到 2014 年，全国保费收入超过 1 万亿元，同比增长 7.5%。保险行业不断发展，保险公司的会计要妥善处理保险业务核算工作。

一、保险业务的概述

保险业务在金融业务中起到非常重要的作用。当前，专门由保险公司从事该业务，随着经济的快速发展，保险业务的机制一步步得到完善，做好金融企业会计，并使其发挥好保险行业的作用，这对经济发展起到推动作用。

保险，是投保人按照合同的约定，给保险人员交付保险费，投保人因事故发生财产损失的情况符合合同约定时，向保险人索取赔偿金，或者当被保险人死亡、伤残、疾病或者达到合同约定的年龄、期限时保险人给予保险金责任的商业行为。保险就是帮助人们分担意外风险，减少财产损失的一种安排。投保人买保险，目的就是将有可能产生的损失降低到最小。而保险公司则根据保险标的损失频率制定保险费率，向投保人收取保险费，从而建立保险基金。

二、保险业务的分类

《中华人民共和国保险法》按照保险保障范围的不同对保险进行归类，即财产保险和人身保险。

财产保险，指投保人根据保险合同的约定，向保险人交付保险费，保险人按照保险合同的约定，对所承包的财产及其有关利益因自然灾害或意外事故造成的损失承担赔偿保险金责任的保险业务。

人身保险，指保险人通过与投保人签订保险合同，在向投保人收取一定的保险费后，在被保险人因疾病或遭遇意外事故而致伤残或死亡，或保险期满时给付医疗费用或保险金的保险业务。

1. 财产保险的分类

财产保险主要由财产损失保险、责任保险和信用保险三大部分组成。

财产损失保险，指的是以物质和物质的相关利益为保险标的的保险，属于狭义的财产保险。如火灾险、货物运输保险、工程保险等业务。

责任保险，指的是被保险人对第三者应负的民事赔偿责任或特别约定的合同责任为保险标的的保险。如公众责任保险、产品责任保险、职业责任保险和雇主责任保险。

信用保险，指的是保险人为被保险人向权利人提供的一种信用担保业务。如以商品赊销中的债务人的信用为保险标的，当债务人未能如约履行债务清偿而使债权人遭受损失时，由保险人向被保险人提供风险保障。

2. 人身保险的分类

按照人身保险的内容和方式进行归类，把人身保险分为人寿保险、意外伤害保险和健康保险三大类。

人寿保险，指的是以被保险人的生命作为保险对象的保险，当被保险人在保险期间因保险事故致死或生存到保险期满，保险人要给予保险金。如死亡保险、两全保险、生存保险等。

意外伤害保险，指的是保险人对被保险人在保险期间遭遇严重意外伤害致残或致死而给付约定的保险金的保险。

健康保险，指的是保险人对被保险人因疾病、分娩等所支付的费用、医疗费和住院费等，并对被保险人在治疗、休养期间因不能工作而丧失的收入负责赔偿的保险。

3. 其他分类

按照业务承包方式进行归类，保险公司的业务可以分为原保险、再保险和共同保险。

原保险，指的是保险人直接承包并与投保人签订保险合同，构成保险人权利和义务的保险。它是投保人和保险人之间签订保险合同而形成的保险关系，也就是保险人承担投保人的风险。

再保险，也称分保，指的是在原保险的合同基础上通过签订分保合同，把其中一部分或所有风险和责任转嫁给其他保险人的保险业务。

共同保险，又称共保，是由两个或两个以上保险人同时联合直接承保同一保险标的、同一保险利益、同一保险事故，而保险金额之和不超过保险价值的保险。

三、保险公司的资产类别

保险公司的资产可以分为固定资产、非固定资产、非流动资产和无形资产。

（1）保险公司的固定资产，指的是固定资产采购单价超过 1000 元，包括

IT 类资产和非 IT 类资产。如交通运输设备、办公设备、通信设备、电脑及设备、办公家具和电器设备等。

（2）保险公司的非固定资产，指的是除固定资产以外的资产，包括银行存款、短期投资、短期投资跌价准备、现金、应收利息等项目。

（3）保险公司的非流动资产，主要包括持有至到期投资、可供出售金融资产、长期投资股权、商誉、投资性房地产、在建工程、长期待摊费用等。

（4）保险公司的无形资产，保险公司获取无形资产的方式主要是购入、自创和其他单位投资转入。

第二节　保险公司财产保险业务的会计核算

本节关键词：

保险会计、保费、赔款支出核算、准备金核算

本节内容提要：

（1）了解保险公司业务会计的核算特点。

（2）熟悉保险公司财产业务会计科目的设置。

（3）掌握保险公司财产保险业务保费收入、赔款支出以及准备金的核算。

保险公司是我国金融企业的重要组成部分之一，保险公司录用的会计属于保险会计，保险公司会计把普通会计原理和保险公司的业务有效结合，来反映和监督保险公司的各种事项，确保保险公司工作的顺利进行。保险会计属于一种特殊的管理方法，保险会计为保险公司提供准确有效的会计信息，帮助完善企业的各类业务。

一、保险公司业务会计的核算特点

保险会计与其他行业的会计不同，各金融公司经营的产品不同，保险公司所经营的对象是保险，自然具有一定的特殊性，所以，保险会计也有其特点，总结起来，保险公司业务会计核算特点主要有如下几点：

（1）资产构成以金融资产为主。

（2）各种准备金是保险公司特有的负债。

（3）能独立建账、独立核算盈亏。

（4）会计计量需要运用保险精算技术。

二、财产保险业务的核算

财产保险的目的在于补偿财产和其相关利益有关的实际损失，其中，财产是以物质形态的存在方式来衡量价值的有形物资，财产保险业务的核算项目主要包括财产保险业务保费收入、赔款支出和准备金。

（一）财产保险业务保费收入的核算

1. 保费

保费指的是投保人买保险时的价格，是保险公司经营业务的物质基础，保费分为纯保费和附加保费两类。

纯保费，又称净保费，指的是保险人用来建立保险基金，目的在于赔付的那部分保费。

附加保费，指的是用于保险人的各项业务开支和预期利润，如职工工资、业务费、代理手续费等。

保费的计算应考虑保险金额、保险费率和保险期限这三部分，保费的计算公式为：

保费＝保险金额×保险费率×保险期限

若是第三者责任险，应考虑第三者固定保险费，则计算公式为：

保费＝保险金额×保险费率×保险期限＋第三者固定保险费

综上可以看出，保费数额的多少与保险金额和保险费率的高低成正比关系，保费计算的关键在于确定合理的保险费率。

附加费率也可以按照纯保费率的一定比例确定，附加费率的计算公式为：

附加费率＝纯保费率×X%

应交保费＝保户储金×保险年限×月利率×12

2. 会计科目

设置"保费收入"、"应收保费"、"坏账准备"、"预收保费"和"保户出金"等科目进行核算，能反映保险业务保费收入的变化。

预收保费科目属于负债类科目，主要用来核算保险公司收到的未满足保费收入确认条件的保费。

保费收入科目，主要用来核算保险公司承保业务确认的保费收入。

坏账准备科目、应收款项的备抵科目，主要用来核算该公司按规定提取的应收款项的坏账准备。

预收保费科目、负债类科目，主要用来核算保险公司收到的未满足保费收入确认条件的保费。

（二）财产保险业务赔款支出的核算

设置"赔款支出"、"预付赔付款"、"损余物资"、"应收代位追偿款"等科目进行核算，可以反映财产保险业务赔款支出的变化。

"赔款支出"科目属于损益类科目，主要用来核算保险公司财产保险、意外伤害保险、小于或者等于一年的健康保险业务按保险合同约定支付的赔款和发生的理赔勘察费用。

"预付赔付款"科目属于资产类科目，主要用来核算保险公司在处理各种理赔案件过程中，按照保险合同约定预先支付的赔付款。

"损余物资"科目属于资产类科目，主要用来核算保险公司按照原保险合同约定承担赔偿保险金责任取得的损余物资成本。

"应收代位追偿款"科目属于资产类科目，主要用来核算保险公司按照原保险公司合同约定承担赔付保险金责任后确认的代位追偿款。

（三）财产保险业务准备金的核算

财产保险准备金指的是保险公司为履行约定而承担保险责任或备付未来赔款，依照规定从缴纳的保险费中提取的资金准备。通过这种方式来保证保险人在赔偿时有足够的资金来源。按照《金融企业会计制度》规定，从事财产保险业务的保险公司应当提取各项保险准备金，包括未决赔款准备金、未到期责任准备金和长期责任准备金三部分，如图9-1所示。

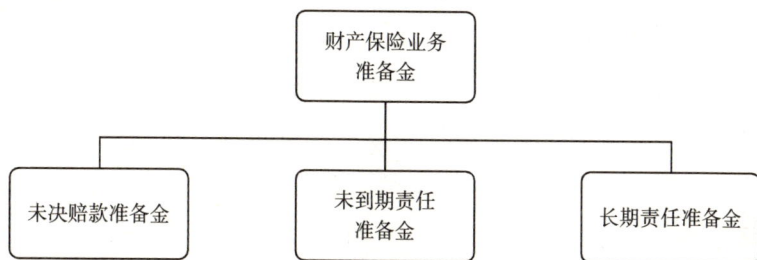

图9-1 财产保险业务准备金的分类

1. 未决赔款准备金

未决赔案应提存未决赔款准备金。

已决未付赔案应提存已决未付赔款准备金。

已经发生保险事故但尚未报告的赔案应提存的已发生未报告赔款准备金，一般为历史经验数据。

未决赔款准备金是保险公司的一项负债，依据重要性原则要对提存、转回准备金进行核算，所以，应对这三个科目进行设置：

"未决赔款准备金"属于负债类科目，主要用来核算保险公司由于已经发生保险事故并已提出保险赔款以及已经发生保险事故但尚未提出保险赔款而按规定提存的未决赔款准备金。

"转回未决赔款准备金"属于损益类科目，主要用来核算保险公司转回上期提存的未决赔款准备金。

"提存未决赔款准备金"科目主要用来核算保险公司由于已经发生保险事故并已提出保险赔款以及已经发生保险事故但尚未提存保险存款的准备金。

2. 未到期责任准备金的核算

未到期责任准备金是指金融企业对不超过一年的保险业务，为了承担未来保险责任而按规定提存的准备金。《中华人民共和国保险法》规定：除人寿保险业务以外，经营其他保险业务，应当从当年自留保费中提取未到期责任准备金；提取和结转的数额，应当相当于当年自留保费的50%。所以，想要反映和监督未到期责任准备金的提存和结转情况，就要设置如下会计科目：

"未到期责任准备金"属于负债类科目，主要用来核算保险公司一年以内的财产险、意外伤害险、健康险业务按规定提存的未到期责任准备金。

"转回未到期责任准备金"属于损益类科目，主要用来核算保险公司转回上年同期存款提存的未到期责任准备金。

"提存未到期责任准备金"属于损益类科目，用来核算保险公司一年以内的财产险、意外伤害险、健康险业务按退订提存的未到期责任准备金。

3. 长期责任准备金的核算

长期责任准备金，指的是保险公司对一年以上的长期财产保险业务，为了承担未来保险责任而按规定提取的准备金。应如下设置核算长期责任准备金的会计科目：

"长期责任准备金"属于负债类科目，主要用来核算保险公司再保险、长期工程险等业务按规定提存的准备金。

"转回长期责任准备金"属于损益类科目，主要用来核算保险公司转回上年同期提存的长期责任准备金。

"提存长期责任准备金"属于损益类科目，主要用来核算保险公司再保险、长期工程险等业务按规定提存的准备金。

第三节 保险公司人身保险业务的会计核算

本节关键词：

人寿保险、意外伤害保险、健康保险

本节内容提要：

（1）了解人寿保险业务核算的特点。

（2）掌握人寿保险业务中保费、保险金给付、死伤医疗给付和年金给付的核算。

（3）了解意外伤害险和健康保险业务的概念和会计核算。

（4）熟悉健康保险和人寿保险的不同点。

人身保险是以人的生命、身体或劳动能力作为保险标的，以被保险人的生死、伤害、疾病为保险事故的保险业务。根据《中华人民共和国保险法》的规定，人身保险可以分为三个种类（见图9-2）。

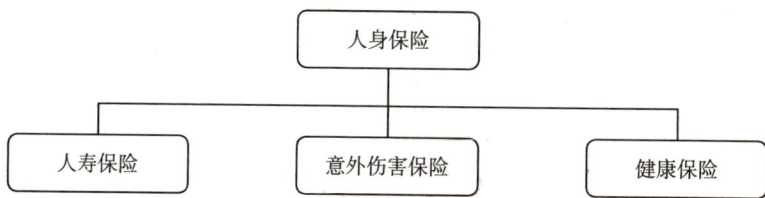

图9-2 人身保险的种类

一、人寿保险业务的核算

1. 人寿保险业务核算的特点

（1）人身保险业务采用会计年度结转损益。

（2）保费收入和保险金给付按照"收付实现制"原则记账。

（3）人身保险业务根据有效保单的全部净值提取未到期责任准备金。

（4）人身保险业务年度决算时，应计算三差损益，并进行分析。

2. 保费的核算

人寿保险保费的确定需要依据一项原理，即保费收入的现值等于未来保险金支付的现值与所有费用开支的现值之和，包括纯保费和附加保费。

纯保费是以预定死亡率和预定利率为基础计算的保费，是保险公司用于保险支付的费用。附加保费，用于保险公司各类业务的开支和预期利润的来源，根据预定费用率计算得出。

（1）保费收入的特点。由于人身保险业务项目多，因此，不同类别的寿险保费所需的程序也不尽相同，一般来讲，保费有如下特点：保户的第一期保费需要在签订合同时交付给保险公司。此后，保户需要在规定的时间内，在公司指定的地点交纳保费。若迟交或补交保费的保户，需要支付利息，保险公司在收到保费后，应开出收款凭据，相关人员填制一式三联缴费凭证。经审核、验钞和签字盖章以后，把凭证第一联交给保户，第二联交给工作人员登记分户卡的依据，第三联连同银行存款解缴回单一起交给会计人员。

（2）保费收入的账务处理。设置"保费收入"和"预收保费"以反映和监督寿险保费的收取情况。

保险业务发生时，如果是分期收取保费，则按照应收取的保费确认为收入；如果是一次性收取的保费，则按照一次性收取的保费确认为收入。则会计分录为：

借：库存现金（银行存款、应交保费）

　　贷：保费收入

3. 人寿保险业务保险金给付的核算

人寿保险公司的主要业务是当投保人发生保险事故时依据约定给付的保险金。人寿保险业务保险金给付是保险公司对被保险人在保险期满或在保险期间内支付的保险金，并对保险期间发生保险责任范围的意外事故按规定给付保险金，是人寿保险公司不可缺少的一项业务。

　　人寿保险属于给付性保险。只要发生了保险合同约定的保险事故，保险公司就要按照合同规定给付保险金。人寿保险业务保修金的给付有红利、退保金和保险金给付三种方式。

　　保险金给付的确认与计量。人寿保险业务保险金给付为满期给付、死亡医疗给付和年金给付三种。人寿保险公司在办理给付保险金时，应由被保险人提供相关证明，交由相关工作人员核实。

　　满期给付核算。投保人生存到保险期满时，保险公司给付的保险金成为满期给付。如今，国内开办人寿保险期满险种主要有简易人寿保险、团体人寿保险、普通个人生存保险以及生死两全保险等。

　　4. 死伤医疗给付的核算

　　死伤医疗给付是指人寿保险及长期健康保险业务的投保人在保险期内发生疾病而导致的医疗费用或者发生伤、残、亡时按照保险契约约定给付的保险金。

　　保险公司设置"死亡医疗给付"科目，目的是为了核算和监督保险公司的医疗给付情况。

　　"死亡医疗给付"属于损益类科目，核算保险公司因人寿保险及长期健康保险业务的被保险人在保险期内发生保险责任范围内的保险事故，保险公司根据合同的约定支付投保人保证金。

　　5. 年金给付

　　年金给付指的是人寿保险公司的年金保险业务的被保险人生存至保单约定的年龄时，保险人以年金的方式给付保险金额。

　　保险公司设置"年金给付"账户，来核算和监督公司按照合同约定支付给投保人的金额。当发生年金给付时，借记"年金给付"，贷记"库存现金"、"银行存款"等科目。当年金给付时，有贷款本息尚未还完，则按给付金额，借记"年金给付"，按未收回的保户质押贷款本金，贷记"保户质押贷款"科目，按欠息数，贷记"利息收入"科目，按实际支付的金额，贷记"现金"、"银行存款"等科目。

　　【例】某投保人生存至合同约定年限领取保险金，保险公司工作人员审核通过后决定每年给付 50000 元，至投保人死亡为止，则会计分录为：

借：年金给付　　　　　　　　50000

　　贷：库存现金　　　　　　　　　　50000

二、意外伤害保险和健康保险

1. 意外伤害保险和健康保险业务的概念

人身意外伤害保险是以被保险人的身体或劳动能力作为保险标的，以被保险人在保险有效期内因遭受意外伤害造成死亡、残疾、支出医疗费、暂时丧失劳动能力为给付保险金条件的人身保险业务。

健康保险是以被保险人的疾病、分娩及其所致残疾、死亡为保险标的，以被保险人在有效期内因患病造成死亡、残疾、支出医疗费、暂时丧失劳动能力为给付保险金条件的人身保险业务。

健康保险主要分为短期健康保险和长期健康保险。长期健康保险，指保险期限超过一年的健康保险。

2. 健康保险和人寿保险不同

（1）性质不同。健康保险主要以疾病、分娩引起的伤残作为保险事故，而人寿保险主要以人的生存或死亡作为保险事故。

（2）保险要素不同。影响健康保险保费高低的因素是利率、费用率和患病率，而影响人寿保险保费高低的因素则是死亡率、利率和费用率。

（3）保险期限不同。人寿保险的保险期限较长，一般超过一年。而健康保险的保险期一般为一年。

（4）补偿方式不同。人寿保险保险金的给付需提前确定，属于定额给付保险，医疗保险和财产保险一样，属于有价补偿保险的范畴。

（5）给付保险金的基础不同。健康保险的保险金给付要以保险金额为基础，视医疗实际情况而定，而人寿保险的保险事故发生时，必须按照约定的金额给付保险金。

3. 意外伤害保险业务和健康保险业务的核算

（1）会计科目设置。保险公司应设置"保费收入"、"应收保费"、"赔款支出"、"死亡医疗给付"等科目来反映和监督两个保险业务的保费收入和保险金给付的增减情况。

（2）保费收入的核算。意外伤害保险业务和健康保险业务保费收入的核算，应该满足《企业会计准则第 25 号——原保险合同》中规定的确认条件，同时依据原保险合同约定的保费总额确认。

第四节　再保险业务的会计核算

本节关键词：

再保险、分入业务、分出业务、再保险业务核算

本节内容提要：

（1）了解再保险业务的概念和种类。

（2）熟悉再保险业务核算的特点及会计科目设置。

（3）掌握分出再保险和分入再保险业务的核算设置会计科目及账务处理。

再保险是保险学的重要构成部分，保险人通过再保险，分散风险，以此来满足经营稳定的需求。而保险监管机构也做出相关要求，确保保险业的稳定发展。

一、再保险业务的概念

再保险，也称分保，指的是在原保险的合同基础上通过签订分保合同，把其中一部分或所有风险和责任转嫁给其他保险人的保险业务。

分出保险业务的保险人称为原保险或再保险分出人，也是再保险合同的

投保人。

接受分保业务的保险人称为再保险人或再保险接受人（分入人）。

如果再保险人把将其分入的再保险业务转分给其他保险人，就称为转分保。在转分保过程中，两者分别成为转分保分出人和转分保接收人。

再保险业务的核算主要包括再保险分出业务核算和再保险分入业务的核算两大部分。

二、再保险的种类

再保险是在原保险的基础上建立的一种独立的保险业务，再保险根据保险人和再保险人之间对保险责任进行的分配原则，主要分为比例再保险和非比例再保险两大部分。

1. 比例再保险

比例再保险指的是原保险人和再保险人把保险金额作为基础，来计算比例，分担责任限额的再保险。将再保险进行归类，即成熟再保险和溢额再保险。成熟再保险是指再保险分出人把保险金额作为基础，对每一危险单位按一定比例作为自留额，把其余一定成数转让给再保险接受人，保险费用和保险赔款要按照一定比例进行分摊。溢额再保险指的是再保险分出人把保险金额作为基础，规定每一危险单位的一定额度作为自留额，把超过自留额的部分，称为溢额，并且分给再保险接受人。

2. 非比例再保险

非比例再保险，是把赔款作为基础，计算自配限额和分担责任限额的一种再保险。把非比例再保险进行分类，即超额赔款再保险和超额赔付率再保险。超额赔款再保险，指再保险分出人和再保险接受人之间签订协议，对每一危险单位损失或一次巨灾事故累计责任损失而规定一个自赔额，超过自赔额度则由再保险接受人负责。超额赔付率再保险是指以一定期限的积累责任赔付率为基础计算责任限额，当实际赔付率超过约定赔付率时，其超过部分由再保险接受人负责一定限额。

3. 再保险业务核算的特点

（1）分入业务和分出业务分别进行核算。专业再保险公司只有转入和转分出业务，因此，可以统一核算盈亏。而兼营再保险业务公司的同一笔业务往往涉及分保分出公司的核算和分保接受公司的核算。

（2）再保险业务实现三年期核算损益方法。再保险业务的保险责任的终止时间多为 3~5 年。因此，为了提高核算损益的准确率，再保险公司实行三年期核算损益方法。这种方法指的是每年一个业务年度的分保账户需延续两个会计年度，在第三个会计年度末核算经营成果。也就是说在第一个会计年度和第二个会计年度不体现再保险损益，在会计年度年终决算时，按未了责任提存未决准备金，将责任转移到下一个业务年度，来结束该业务年度的账户。

（3）再保险业务收支的核算内容不同。当一笔保险业务发生后，分保分出一方主要核算分出保费、摊回分保赔款、存入分保准备金等内容；而分保接手人主要核算分保费收入、分保赔款支出、存在分保准备金等内容。这些内容都要根据分保分出人编制的专业账单进行。

三、分出再保险业务核算

再保险分出业务的核算需设置如下会计科目。

应设置"分保业务往来"科目，该科目主要核算保险公司之间开展分保业务而发生的各种往来款项。

应设置"存入分保准备金"科目，该科目属于负债类科目，主要用来核算保险公司分出分保业务按合同约定扣存分保接受人的保费形式的准备金。

应设置"预收分保赔款"科目，该科目属于负债类科目，主要用来核算保险公司分出分保业务按保险合同约定预售的分保赔款。

应设置"摊回分保赔款"科目，该科目属于损益类科目，主要用来核算保险公司分出分保业务向分保接受人摊回的应由其承担的赔款。

应设置"分出保费"科目，该科目属于损益类科目，主要用来核算保险公司分出分保业务向分保接受人分出的保费。

四、分入再保险业务的核算

分入再保险业务的核算需设置如下科目。

应设置"分保费收入"科目，该科目主要用来核算保险公司分入分保业务所取得的保费收入。

应设置"存出分保准备金"科目，该科目主要用来核算保险公司分入分保业务只按保险合同约定存出的分保准备金。

应设置"分保费支出"科目，该科目主要用来核算保险公司分入分保业务向分保分出人支付的各项费用等。

应设置"分保赔款支出"科目，该科目主要用来核算保险公司分入分保业务向分保分出人支付的分保赔款。

五、保险业务的账务处理

1. 分出再保险业务的账务处理

（1）保险公司发生分出分保业务时，按分出保费的金额，会计分录为：

借：分出保费

　　贷：分保业务往来

若分保业务账单中标明了赔款、费用、准备金等金额，会计分录为：

借：分出保费（分保业务账单中表明的分保费）

　　存入分保准备金（分保业务账单中标明的返还上年同期准备金）

　　分保业务往来

　　贷：摊回分保赔款

　　　　摊回分保费用

　　　　存入分保准备金

　　　　分保业务往来

（2）实际支付款项时，会计分录为：

借：分保业务往来

　　贷：银行存款

（3）预收分保赔款，会计分录为：

借：银行存款

　　贷：预收分保赔款

（4）发出分出分保业务账单时，按账单上转销的预收赔款做出会计分录为：

借：预收分保赔款

　　贷：摊回分保赔款

2. 分入再保险业务的账务处理

（1）保险公司发生分保业务时，按照分入保费金额，会计分录为：

借：分保业务往来

　　贷：分保费收入

若分保业务账单中还标明了赔款、费用、准备金等金额，会计分录为：

借：分保赔款支出（分保业务账单中标明的赔款）

　　分保费用支出（分保业务账单中标明的费用）

　　存出分保准备金

　　分保业务往来

　　贷：分保费收入

　　　　存出分保准备金

　　　　分保业务往来

（2）实际收到款项时，会计分录为：

借：银行存款

　　贷：分保业务往来

（3）预付分保赔款时，会计分录为：

借：预付赔款

　　贷：银行存款

（4）收到分出公司发来的分保账单时，按账单上转销的赔款，会计分录为：

借：分保赔款支出

　　贷：预付赔款

第十章 金融企业年度决算与财务会计报告

第一节 金融企业年度决算

本节关键词：

年度决算、准备工作、编制报表

本节内容提要：

（1）了解年度决算的概念和意义。

（2）熟悉金融企业年度决算的准备工作。

（3）掌握年度决算报表的编制。

为了正确核算和反映金融企业财务状况和经营成果，各金融企业会计人员必须按照财政部制定的制度，努力做好本职工作。

一、年度决算的概念和意义

1. 年度决算的概念

年度决算指的是按照会计资料，利用会计报告形式对会计年度内的业务情况和财务收支状况进行系统、全面的总结。

2. 年度决算的意义

年度决算的意义有以下四个：

（1）能为国家的宏观调控提供准确、及时的信息资料。

（2）有利于全面总结和检查平时的会计核算工作，全面提高和完善金融企业会计工作。

（3）可以综合反映银行全年业务和财务活动情况。

（4）检查银行年度内执行国家一系列政策的概况。

二、金融企业年度决算工作准备

金融企业年度总结的准备，主要分为两大类。

1. 总行、分行的准备工作

金融企业年度决算的准备工作，通常在冬季开始进行。其中，总行要颁发办理当年决算工作的通知，提出当年决算中应注意的事项和相应的处理原则或要求。若当年在业务或财务管理体制方面发生变更以及有新设或修订的会计科目，则应详细指出在年度决算中的处理方法；分行就要按照总行通知，组织和监督分内工作的顺利进行。

2. 基层单位的准备工作

基层单位决算在金融企业中的责任也十分重大，其工作质量的优劣与年度总决算质量息息相关。在此，基层单位的决算准备工作主要包括核实资金、清查账务、核实损益、盘点财产和做好试算平衡五大部分。

（1）核实资金要做到全面核实国家资产，在清理信贷资产时，相关部门应积极配合信贷部门的工作，确保清理工作的顺利进行。在清理不动产存款资金时，在各类存款账户中对连续一年未发生资金收付的存款账户，若联系不到存款人的相关信息，可按规定将其转入"其他应付款——久悬未取"账户处理，而原存款账户则做销户处理。对于转入"其他应付款——久悬未取"户已满一年仍查无着落的存款，可转入"营业外收入"账户作收益处理。当清理内部资金时，则要在金融企业年度决算前进行系统、全面的清理。

（2）在清查账务时，要做好企业对账工作，确保企业内外账相统一。

（3）盘点财产，盘点财产不仅要做到清点资产、低值易耗品等，还要保证账表、账实、账账、账卡相符。更要做好当年竣工基建项目的入账工作，并按规定建立房屋、设备、器具等登记簿及卡片账，立账管理。同时核实现金、贵金属、代保管有价值品、有价单证、重要空白凭证、待处理抵押品。

（4）做好试算平衡，金融企业在核算清理完工作之后，应编制试算平衡表，使试算工作更加完善。

（5）核实损益，包括核实收入和核实各项支出。在进行核实工作时，全面地把贷款收入、表内利息、表外利息等核算清楚。

三、年度决算的报表的编制

年度决算报表是全面反映金融企业一年内财务收支情况和经营成果的书面报告。其编报工作应在决算日或新年度开始后的最短期间内完成。编制年度决算报表应遵循的原则是：数字真实可靠，内容全面完整，编报及时准确。

1. 资产负债表

银行的资产负债表是综合反映报告期末银行全部资产、负债和所有者权益存量情况的会计报表，它的主要作用是向有关部门提供编报行在某一会计期间所拥有或控制的经济资源及其构成、所承担的债务及其构成、投资者所有的权益及其构成。

资产负债表是根据"资产＝负债＋所有者权益"这个会计公式编制得出的。资产负债表主要包括账户式和报告式两种格式。

账户式资产负债表指的是资产项目居左，负债和所有者权益项目居右，从而使资产负债表的两边平衡。

报告式资产负债表指的是依据书面报告的传统习惯将资产、负债和所有者权益项目从上到下加以排列。

填制资产负债表，应依据相应的总账及有关明细账户的期末余额填列。根据有关总分类科目的期末余额直接填列、合并后填列、计算后填列以及直接计算填列。

资产负债表"年初数"和"期末数"的填写方式：

（1）资产负债表"年初数"栏内各项数字，应依据上年末资产负债表"期末数"栏内所列数字填列。若本年度资产负债表规定的各个项目的名称和内容同上年度不符合，则应对其调整使一致，填入本表"年初数"栏内。

（2）资产负债表"期末数"栏内各项数字，则应依据每一项目所属的有关总账科目期末余额直接或加计后填列。如"现金及银行存款"项目，应依据"现金"和"银行存款"两个会计科目的总账期末余额加计填列；有的项目如"存放中央银行准备金"科目，则根据该科目的总账期末余额直接填列；联行往来各科目的数字按照期末余额轧差后余额性质归属，若是借方余额则填列在资产方"存放联行款项"科目；若是贷方余额，则填列在负债及所有者权益项目的"联行存放款项"科目。

2. 损益表

损益表指的是反映金融企业在一定时期内的经营成果及其形成情况的会计报表。通过损益表可以清楚看出金融企业从年初起至报告期末止，累计实现的全部收入与支出、利润（或亏损）总额以及净利润（或净亏损）的形成情况。

按照《金融企业会计制度》的规定，我国金融企业的损益表采用多步式。它主要包括三大类：

（1）计算营业利润，反映营业利润的构成情况。计算公式为：

营业利润＝营业收入－营业支出－营业税金及附加

（2）计算式利润总额，反映利润总额的构成。计算公式为：

利润总额＝营业利润＋投资收益＋营业外收入－营业外支出

（3）计算净利润，其计算公式为：

净利润＝利润总额－所得税

第二节 金融企业财务会计报告

本节关键词：

财务会计报告、资产负债表、利润表、基本编制

本节内容提要：

（1）了解金融企业财务会计报告的定义和意义。

（2）熟悉金融企业财务会计报告的准备工作和财务会计报表的基本编制。

（3）掌握金融企业财务会计报告的构成。

我国金融企业财务会计报告的目的是为报告使用者提供与其工作有关的会计信息，帮助财务报告使用人员对企业财务状况做出有效经营决策。

一、金融企业财务会计报告概述

1. 金融企业财务会计报告的定义

金融企业财务会计报告指的是相关单位会计部门，会计账簿记录和有关资料经过审核后，编制出能够全面反映单位某一特定日期财务状况和某一会计期间经营成果、现金流量和所有者权益的书面文件。财务会计报告使用者凭借书面文件来管理工作。

金融企业财务报告必须按照科学依据，在企业会计核算的基础上，对相关资料进行加工、整理和审核以确保结论正确。

2. 金融企业财务会计报告的意义

金融企业财务会计报告的意义主要表现在以下四个方面：

（1）金融企业财务会计报告，不仅能够为投资者和债权人的投资、贷款提供有效、及时的信息资料，还可以为金融企业加强经济管理提供资料。

（2）金融企业财务会计报告，可以为有关管理部门提供准确信息，确保相关部门工作的顺利进行，能够监督和维护经济秩序。

（3）若财务数据中可能存在错误或造假成分，通过财务数据可以有效识别。

（4）可以从现金流量中分析出金融企业的利润状况。

二、金融企业财务会计报告的准备工作

金融企业财务会计报告的准备工作主要分为全面财产清查和检查处理两个方面。

1. 全面财产清查工作需要遵循的原则

（1）结算款项（即债权债务），包括应收款项、应付款项、应交税费等科目与债务、债权单位的相应债务、债权金额是否相符。

（2）清查核实原材料、在产品、自制半成品、库存商品等各项存货的实存数量与账面数量是否一致；清查房屋建筑物、机器设备、运输工具等各项固定资产的实存数量与账面数量是否一致。

（3）各项投资是否存在，投资收益是否按照国家统一的会计制度规定进行确认和计量。

（4）核实在建工程的实际发生额与账面记录是否一致。

2. 检查处理工作包括的事项

（1）核对各会计账簿记录与会计凭证的内容、金额等是否一致，记账方向是否相符。并依照规定的结账日进行结账，结出有关会计账簿的余额和发生额，并核对各会计账簿之间的余额。

（2）检查相关的会计核算是否符合国家统一的会计制度的规定；而对于国家统一的会计制度没有规定统一核算方法的交易、事项，检查其是否按照会计核算的一般原则进行确认和计量以及相关账务处理是否合理。

（3）检查有无需要调整前期或者本期相关项目，造成调整的原因有会计差错、会计政策变更等。

三、金融企业财务会计报告的构成

金融企业财务会计报告分为年度、半年度、季度和月度财务会计报告，其构成的详细分类为：

（1）年度、半年度财务会计报告包括会计报表、会计报表附注和财务情况说明书。其中会计报表包括资产负债表、利润表、现金流量表及相关附表。

（2）季度、月度财务会计报告仅指会计报表，包括资产负债表和利润表。

（一）资产负债表的基本格式和项目排列

1. 资产负债表的基本格式

资产负债表基本格式如表 10-1 所示。

表 10-1　资产负债表的格式

资产	期末余额	年初余额	负债和股东权益	期末余额	年初余额
流动资产：			流动负债：		
货币资金			短期借款		
交易性金融资产			交易性金融负债		
应收票据			应付票据		
应收账款			应付账款		
预付款项			预收款项		
应收利息			应付职工薪酬		
应收股利			应交税费		
其他应收款			应付利息		
存货			应付股利		
一年内到期的非流动资产			其他应收款		
其他流动资产			一年内到期的非流动负债		
流动资产合计			其他流动负债		
非流动资产：			流动负债合计		
可共出售金融资产			非流动负债：		
持有至到期投资			长期借款		
长期应收款			应付债券		
长期股权投资			长期应付款		

续表

资产	期末余额	年初余额	负债和股东权益	期末余额	年初余额
投资性房地产			专项应付款		
固定资产			预计负债		
在建工程			递延所得税负债		
工程物资			其他非流动负债		
固定资产清理			非流动负债合计		
生产性生物资产			负债合计		
油气资产			股东权益：		
无形资产			实收资本（或股本）		
开发支出			资本公积		
商誉			减：库存股		
长期待摊费用			盈余公积		
递延所得税资产			未分配利润		
其他非流动资产合计			股东权益合计		
非流动资产合计					
资产总计			负债和股东权益总计		

2. 资产负债表的项目排列

（1）资产按照变现速度排列，速度越快排名越靠前。资产项目包括流动资产、长期投资、固定资产、无形资产及其他资产、递延税款。

（2）负债按照偿还期限的长短进行排列，期限越短则排列越靠前。负债项目包括流动资产、长期负债和递延税项。

（3）所有者按照永久程度排列，永久性越大则排列越靠前。所有者权益主要包括投资资产和流动资产受益两部分。

（二）利润表的格式

利润表格式如表 10-2 所示。

表 10-2　利润表的格式

项　目	本月数	本年数
一、营业收入		
减：营业成本		

续表

项　目	本月数	本年数
营业税金及附加		
销售费用		
管理费用		
财务费用		
资产减值损失		
加：公允价值变动收益（损失以"–"号填列）		
投资收益（损失以"–"号填列）		
其中：对联营企业和合营企业的投资收益		
二、营业利润（亏损以"–"号填列）		
加：营业外收入		
减：营业外支出		
其中：非流动资产处置损失		
三、利润总额（亏损以"–"号填列）		
减：所得税费用		
四、净利润（净亏损以"–"号填列）		
五、每股收益		
（一）基本每股收益		
（二）稀释每股收益		
六、其他综合收益		
七、综合收益总额		

四、金融企业财务会计报表的编制

1. 财务报表应以持续经营为基础

金融企业要以持续经营为最基本的事项，结合实际发生的交易和事项，根据《企业会计准则——基本准则》和其他各项会计准则的规定进行确认和计量，在此基础上编制财务报表。

2. 列报的一致性

想要保持列报一致性，金融企业就要做到各期间财务报表中的列报和分类保持一致。如果准则要求改变，那么在改变后的列表应可以提供准确有效的资料。

3. 有关抵销的界定

金融企业财务会计报表中的资产项目和负债项目的金额、收入项目和费用项目的金额不得相互抵销，为了方便使用，企业财务报表应单独将资产和负债、收益和费用列报。

不属于抵销的项目包括资产项目扣除减值准备后的净额列示和非日常活动产生的损益，以收入扣减费用后的净额列示。

4. 纰漏要求

金融企业财务会计报表纰漏的项目应包括：

（1）编报企业的名称。

（2）资产负债表日。

（3）财务报表涵盖的会计期间。

（4）加入财务报表是合并财务报表的，报表中则应予以标明。

（5）金额单位为人民币。

五、《中华人民共和国会计法》对财务会计报告的编制要求

财务会计报告的编制，包括编制依据、编制要求、提供对象、提供期限等，是会计核算工作的重要环节。《中华人民共和国会计法》第二十条第一款和第二款规定："财务会计报告应当根据经过审核的会计账簿记录和有关资料编制，并符合本法和国家统一的会计制度的编制要求、提供对象和提供期限的规定；其他法律、行政法规另有规定的，从其规定。向不同的会计资料使用者提供的财务会计报告，其编制依据应当一致。"

除了符合国家统一的会计制度的有关规定以外，还应该做到以下几点：

（1）数字和内容真实可靠。

（2）计算准确，不能弄虚作假。

（3）全面完整。

（4）编报及时，提高会计信息的使用价值。

（5）便于理解，方便使用者使用。

附　录

根据《国务院关于〈企业财务通则〉、〈企业会计准则〉的批复》（国函〔1992〕178号）的规定，财政部对《企业会计准则》（财政部令第5号）进行了修订，修订后的《企业会计准则——基本准则》已经部务会议讨论通过，现予公布，自2007年1月1日起施行。

企业会计准则——基本准则

第一章　总则

第一条　为了规范企业会计确认、计量和报告行为，保证会计信息质量，根据《中华人民共和国会计法》和其他有关法律、行政法规，制定本准则。

第二条　本准则适用于在中华人民共和国境内设立的企业（包括公司，下同）。

第三条　企业会计准则包括基本准则和具体准则，具体准则的制定应当遵循本准则。

第四条　企业应当编制财务会计报告（又称财务报告，下同）。财务会计报告的目标是向财务会计报告使用者提供与企业财务状况、经营成果和现金流量等有关的会计信息，反映企业管理层受托责任履行情况，有助于财务会计报告使用者作出经济决策，财务会计报告使用者包括投资者、债权人、政府及其有关部门和社会公众等。

第五条 企业应当对其本身发生的交易或者事项进行会计确认、计量和报告。

第六条 企业会计确认、计量和报告应当以持续经营为前提。

第七条 企业应当划分会计期间，分期结算账目和编制财务会计报告。会计期间分为年度和中期。中期是指短于一个完整的会计年度的报告期间。

第八条 企业会计应当以货币计量。

第九条 企业应当以权责发生制为基础进行会计确认、计量和报告。

第十条 企业应当按照交易或者事项的经济特征确定会计要素。会计要素包括资产、负债、所有者权益、收入、费用和利润。

第十一条 企业应当采用借贷记账法记账。

第二章　会计信息质量要求

第十二条 企业应当以实际发生的交易或者事项为依据进行会计确认、计量和报告，如实反映符合确认和计量要求的各项会计要素及其他相关信息，保证会计信息真实可靠、内容完整。

第十三条 企业提供的会计信息应当与财务会计报告使用者的经济决策需要相关，有助于财务会计报告使用者对企业过去、现在或者未来的情况作出评价或者预测。

第十四条 企业提供的会计信息应当清晰明了，便于财务会计报告使用者理解和使用。

第十五条 企业提供的会计信息应当具有可比性。

同一企业不同时期发生的相同或者相似的交易或者事项，应当采用一致的会计政策，不得随意变更。确需变更的，应当在附注中说明。

不同企业发生的相同或者相似的交易或者事项，应当采用规定的会计政策，确保会计信息口径一致、相互可比。

第十六条 企业应当按照交易或者事项的经济实质进行会计确认、计量和报告，不应仅以交易或者事项的法律形式为依据。

第十七条　企业提供的会计信息应当反映与企业财务状况、经营成果和现金流量等有关的所有重要交易或者事项。

第十八条　企业对交易或者事项进行会计确认、计量和报告应当保持应有的谨慎，不应高估资产或者收益、低估负债或者费用。

第十九条　企业对于已经发生的交易或者事项，应当及时进行会计确认、计量和报告，不得提前或者延后。

第三章　资　产

第二十条　资产是指企业过去的交易或者事项形成的、由企业拥有或者控制的、预期会给企业带来经济利益的资源。

前款所指的企业过去的交易或者事项包括购买、生产、建造行为或其他交易或者事项。预期在未来发生的交易或者事项不形成资产。

由企业拥有或者控制，是指企业享有某项资源的所有权，或者虽然不享有某项资源的所有权，但该资源能被企业所控制。

预期会给企业带来经济利益，是指直接或者间接导致现金和现金等价物流入企业的潜力。

第二十一条　符合本准则第二十条规定的资产定义的资源，在同时满足以下条件时，确认为资产：

（一）与该资源有关的经济利益很可能流入企业；

（二）该资源的成本或者价值能够可靠地计量。

第二十二条　符合资产定义和资产确认条件的项目，应当列入资产负债表；符合资产定义、但不符合资产确认条件的项目，不应当列入资产负债表。

第四章　负　债

第二十三条　负债是指企业过去的交易或者事项形成的、预期会导致经济利益流出企业的现时义务。

现时义务是指企业在现行条件下已承担的义务。未来发生的交易或者事项形成的义务，不属于现时义务，不应当确认为负债。

第二十四条 符合本准则第二十三条规定的负债定义的义务，在同时满足以下条件时，确认为负债：

（一）与该义务有关的经济利益很可能流出企业；

（二）未来流出的经济利益的金额能够可靠地计量。

第二十五条 符合负债定义和负债确认条件的项目，应当列入资产负债表；符合负债定义，但不符合负债确认条件的项目，不应当列入资产负债表。

第五章　所有者权益

第二十六条 所有者权益是指企业资产扣除负债后由所有者享有的剩余权益。

公司的所有者权益又称为股东权益。

第二十七条 所有者权益的来源包括所有者投入的资本、直接计入所有者权益的利得和损失、留存收益等。

直接计入所有者权益的利得和损失，是指不应计入当期损益、会导致所有者权益发生增减变动的、与所有者投入资本或者向所有者分配利润无关的利得或者损失。

利得是指由企业非日常活动所形成的、会导致所有者权益增加的、与所有者投入资本无关的经济利益的流入。

损失是指由企业非日常活动所发生的、会导致所有者权益减少的、与向所有者分配利润无关的经济利益的流出。

第二十八条 所有者权益金额取决于资产和负债的计量。

第二十九条 所有者权益项目应当列入资产负债表。

第六章　收　入

第三十条 收入是指企业在日常活动中形成的、会导致所有者权益增加的、与所有者投入资本无关的经济利益的总流入。

第三十一条 收入只有在经济利益很可能流入从而导致企业资产增加或者负债减少，且经济利益的流入额能够可靠计量时才能予以确认。

第三十二条 符合收入定义和收入确认条件的项目，应当列入利润表。

第七章 费 用

第三十三条 费用是指企业在日常活动中发生的、会导致所有者权益减少的、与向所有者分配利润无关的经济利益的总流出。

第三十四条 费用只有在经济利益很可能流出从而导致企业资产减少或者负债增加、且经济利益的流出额能够可靠计量时才能予以确认。

第三十五条 企业为生产产品、提供劳务等发生的可归属于产品成本、劳务成本等的费用，应当在确认产品销售收入、劳务收入等时，将已销售产品、已提供劳务的成本等计入当期损益。

企业发生的支出不产生经济利益的，或者即使能够产生经济利益但不符合或者不再符合资产确认条件的，应当在发生时确认为费用，计入当期损益。

企业发生的交易或者事项导致其承担了一项负债而又不确认为一项资产的，应当在发生时确认为费用，计入当期损益。

第三十六条 符合费用定义和费用确认条件的项目，应当列入利润表。

第八章 利 润

第三十七条 利润是指企业在一定会计期间的经营成果，利润包括收入减去费用后的净额、直接计入当期利润的利得和损失等。

第三十八条 直接计入当期利润的利得和损失，是指应当计入当期损益、会导致所有者权益发生增减变动的、与所有者投入资本或者向所有者分配利润无关的利得或者损失。

第三十九条 利润金额取决于收入和费用、直接计入当期利润的利得和损失金额的计量。

第四十条 利润项目应当列入利润表。

第九章 会计计量

第四十一条 企业在将符合确认条件的会计要素登记入账并列报于会计

报表及其附注（又称财务报表，下同）时，应当按照规定的会计计量属性进行计量，确定其金额。

第四十二条 会计计量属性主要包括：

（一）历史成本。在历史成本计量下，资产按照购置时支付的现金或者现金等价物的金额，或者按照购置资产时所付出的对价的公允价值计量。负债按照因承担现时义务而实际收到的款项或者资产的金额，或者承担现时义务的合同金额，或者按照日常活动中为偿还负债预期需要支付的现金或者现金等价物的金额计量。

（二）重置成本。在重置成本计量下，资产按照现在购买相同或者相似资产所需支付的现金或者现金等价物的金额计量。负债按照现在偿付该项债务所需支付的现金或者现金等价物的金额计量。

（三）可变现净值。在可变现净值计量下，资产按照其正常对外销售所能收到现金或者现金等价物的金额扣减该资产至完工时估计将要发生的成本、估计的销售费用以及相关税费后的金额计量。

（四）现值。在现值计量下，资产按照预计从其持续使用和最终处置中所产生的未来净现金流入量的折现金额计量。负债按照预计期限内需要偿还的未来净现金流出量的折现金额计量。

（五）公允价值。在公允价值计量下，资产和负债按照在公平交易中，熟悉情况的交易双方自愿进行资产交换或者债务清偿的金额计量。

第四十三条 企业在对会计要素进行计量时，一般应当采用历史成本，采用重置成本、可变现净值、现值、公允价值计量的，应当保证所确定的会计要素金额能够取得并可靠计量。

第十章　财务会计报告

第四十四条 财务会计报告是指企业对外提供的反映企业某一特定日期的财务状况和某一会计期间的经营成果、现金流量等会计信息的文件。

财务会计报告包括会计报表及其附注和其他应当在财务会计报告中披露的相关信息和资料。会计报表至少应当包括资产负债表、利润表、现金流量表等报表。

小企业编制的会计报表可以不包括现金流量表。

第四十五条 资产负债表是指反映企业在某一特定日期的财务状况的会计报表。

第四十六条 利润表是指反映企业在一定会计期间的经营成果的会计报表。

第四十七条 现金流量表是指反映企业在一定会计期间的现金和现金等价物流入和流出的会计报表。

第四十八条 附注是指对在会计报表中列示项目所作的进一步说明，以及对未能在这些报表中列示项目的说明等。

第十一章 附 则

第四十九条 本准则由财政部负责解释。

第五十条 本准则自 2007 年 1 月 1 日起施行。

参考文献

［1］吕德勇，韩俊梅.商业银行会计学［M］.北京：中国金融出版社，2003.

［2］于希文，王晓枫.金融会计学［M］.大连：东北财经大学出版社，2006.

［3］曾晓玲，方萍.金融企业财务会计［M］.成都：西南财经大学出版社，2005.

［4］中华人民共和国财政部.企业会计准则 2006［M］.北京：经济科学出版社，2006.

［5］中国会计学会主编.人力资源会计专题［M］.北京：中国财政经济出版社，1999.

［6］王春峰.金融市场风险管理［M］.天津：天津大学出版社，2001.

［7］王卫东.现代商业银行全面风险管理［M］.北京：中国经济出版社，2001.

［8］常勋.财务会计四大难题［M］.北京：中国财政经济出版社，2005.

［9］陆陵，赵选民.企业会计制度讲解及并轨操作指南［M］.北京：中国审计出版社，2001.

［10］邓春华.财务会计风险防范［M］.北京：中国财政经济出版社，2001.